# “高等法律职业教育系列教材”审定委员会

高等法律职业教育系列教材
GAODENGFALUZHIYEJIAOYUXILIEJIAOCAI

# 搏击

BO JI

主　编◎王　冰　陈国栋
副主编◎何文多　高　伟　程孟良　李雄飞

暨南大学出版社
JINAN UNIVERSITY PRESS
中国·广州

**图书在版编目（CIP）数据**

搏击／王冰，陈国栋主编；何文多，高伟，程孟良，李雄飞副主编．—广州：暨南大学出版社，2013.9（2020.1 重印）
（高等法律职业教育系列教材）
ISBN 978－7－5668－0767－0

Ⅰ．①搏…　Ⅱ．①王…②陈…③何…④高…⑤程…⑥李…　Ⅲ．①搏击—高等职业教育—教材　Ⅳ．①G852.4

中国版本图书馆 CIP 数据核字（2013）第 219072 号

**搏击**
BOJI
**主　编：王　冰　陈国栋　副主编：何文多　高　伟　程孟良　李雄飞**

---

**出 版 人：**徐义雄
**责任编辑：**付有明
**责任校对：**卢凯婷　黄晶晶
**责任印制：**汤慧君　周一丹

**出版发行：**暨南大学出版社（510630）
**电　　话：**总编室（8620）85221601
营销部（8620）85225284　85228291　85228292（邮购）
**传　　真：**（8620）85221583（办公室）　85223774（营销部）
**网　　址：**http：//www.jnupress.com
**排　　版：**广州市天河星辰文化发展部照排中心
**印　　刷：**广东广州日报传媒股份有限公司印务分公司
**开　　本：**787mm×1092mm　1/16
**印　　张：**11.25
**字　　数：**267 千
**版　　次：**2013 年 9 月第 1 版
**印　　次：**2020 年 1 月第 3 次
**印　　数：**6001—7000 册
**定　　价：**26.00 元

# 目　录
CONTENTS

# 总　序

高等法律教育职业化已成为社会的广泛共识。2008 年，由中央政法委等 15 部委联合启动的全国政法干警招录体制改革试点工作，更成为中国法律职业化教育发展的里程碑。这也必将带来高等法律职业教育人才培养机制的深层次变革。顺应时代法治发展需要，培养高素质、技能型的法律职业人才，是高等法律职业教育亟待破解的重大实践课题。

目前，受高等职业教育大势的牵引及拉动，我国高等法律职业教育开始了教育观念和人才培养模式的重塑，改革传统的理论灌输型学科教学模式，吸收、内化“校企合作、工学结合”的高等职业教育办学理念，从办学“基因”——专业建设、课程设置上“颠覆”教学模式：“校警合作”办专业，以“工作过程导向”为基点，设计、开发课程，探索出了富有成效的法律职业化教学之路。为积累教学经验、深化教学改革和凝塑教育成果，我们着手推出“基于工作过程导向系统化”的高等法律职业教育系列教材。

《国家中长期教育改革和发展规划纲要（2010—2020 年）》明确指出，高等教育要注重知行统一，坚持教育教学与生产劳动、社会实践相结合。该系列教材的一个重要出发点就是尝试为高等法律职业教育在“知”与“行”之间搭建平台，努力对法律教育职业化这一教育课题进行研究、破解。在编排形式上，教材打破了传统篇、章、节的体例，以司法行政工作的法律应用过程为学习单元来设计体例，以职业岗位的真实任务为基础，突出对职业核心技能的培养。在内容设计上，改变传统历史、原则和概念的理论型解读，采取“教、学、练、训”一体化的编写模式。以案例等导出问题，根据内容设计相应的情境训练，将相关原理与实操训练有机地结合，围绕关键知识点引入相关实例，归纳总结理论、分析探寻解决问题的途径，充分展现法律职业活动的演进过程和法律的应用流程。

法律的生命不在于逻辑，而在于实践。法律职业化教育之舟只有航行在法律实践的海洋之上，才能激发出勃勃生机。在以高等职业教育实践性教学改革为平台进行法律教育职业化改革的路径探索过程中，有一个不容忽视的现实矛盾，即高等职业教育人才培养模式主要适用于机械工程制造等以“物”作为工作对象的职业领域，而法律职业教育主要针对的是司法机关、行政机关等以“人”作为工作对象的职业领域，要化解这一矛盾就要求在法律职业教育中对高等职业教育人才培养模式进行“辩证”的吸纳与深化，而不是简单、盲目地照搬照抄。我们所培养的人才不应是“无生命”的执法机器，而应是有法律智慧、正义良知且训练有素的有生命的法律职业人员。但愿这套系列教材能为我国高等法律教育职业化改革作出有益的探索，为法律职业人才的培养提供宝贵的经验借鉴。

2010年11月15日

# 前　言

针对高等职业技术教育，教育部明确指出："高等职业技术教育应有别于学科教育，应具有更加鲜明的职业性、实践性和岗位的针对性，应更加注重知识的有效传播。"为了适应我国高等职业教育的改革与建设的需要，广东司法警官职业学院组织各学科专业骨干教师，共同编写一套高职高专专用教材，《搏击》即为其中的一本。

搏击从实战出发，以克敌制胜为目的，没有招式限制，要求动作简练、实用。它的最大特点是一招制服、制住、制胜、制伤或制敌于死。同时搏击也是警务技能的重要内容之一，特别强调徒手格斗能力是干警与犯罪分子零距离接触进行打击并实施控制的主要手段之一，是警察执行任务时遇到不能、不准、不宜使用武器的情况下，以法律为依据，通过踢、打、摔、拿等手段擒获并控制罪犯的一种技能，并且它有效地规范了警察的执行实践行为和实践技能，增强警察的法律意识和防范能力，使警察能够运用熟练的技能和过硬的本领，切实解决在警务执法活动中出现的"追不上、打不赢、说不过"的问题。

本书结合其他相关的法律知识，强调依法使用武力，这是与普通教材的最大区别之处。本书很适合我国监狱、劳教系统干警不携带武器执法的特点。

本书由王冰、陈国栋主编，何文多、高伟、程孟良、李雄飞副主编。参加撰稿人分工如下：

王冰：单元二的项目一（一、二、三、四、五、六）、项目二；单元三的项目二。陈国栋：单元二的项目一（七）、项目三；单元三的项目一；单元六的项目一、二。何文多：单元七的项目一、二、三、四。高伟：单元一的项目一、二、三、四；单元八的项目一、二、三；单元九的项目一、二、三、四、五、六、七。程孟良：单元四的项目一、二、三、四。李雄飞：单元五的项目一、二。

**本书编写组**
**2013 年 3 月**

单元一

# 搏击的认识

## 项目一 搏击的概念

搏击，中国古代叫做相搏，也简称为“搏”。它最早与狩猎活动有关，到了春秋战国时期，逐渐演变成人与人之间格斗的专门技术。汉代，搏击称为“手搏”或“卞”，发展至宋代，搏击演变成流行的“角抵”或“相扑”。明代称之为“白打”，史料记载：“白打，即为之手搏——武艺十八，终以白打为终。”明清之际，出现了“打擂台”，这是中国现代搏击制度的雏形。

搏击，是人与人徒手格斗的一种专门技术。是以技击手段攻击或防守，击败、杀伤对手或防卫自身的一种能力。

我们现在所说的“搏击”，与近代流行于世界的欧美技击术——自由搏击有着深刻的联系。自由搏击又称国际自由搏击、欧美全接触自由空手道等，它不拘泥于任何固定的套路招式，而是提倡在实战中根据战况自由发挥，灵活施展拳、脚、肘、膝、摔跌、反关节技术、倒地控制技术等各种立体技术，长短兼备，全面施展，以最终击倒或战胜对手为目的。“告诉我基本原理，我将得出适合我自身的独特的技法。”这就是对自由搏击拳学理念的最佳概括。在此思想指导下，经过数十年的实践和取长补短，自由搏击已形成完美的理论和技战术体系以及竞赛规则。

## 项目二 搏击的起源与发展

从广义上来讲，搏击是各种技击术的统称。首先，它没有时间概念的限制，自人类起源，由于生存和发展的需要，为了获得资源或保卫资源，人们必须掌握进攻和防卫的方法；其次，它没有地域的限制，世界各国发展起来的搏击术，都具备基本的攻击和防守的功能，不同的是由于文化背景的差异，技击风格各异，这就是搏击的起源。

中国的搏击术博大精深，源远流长。自先秦时代就有详尽记载，发展至宋代更是达到顶峰。当时的徒手搏击术被称为“相扑”，相对于近代搏击术，在规则上限制更少，允许使用的技术种类更多，观赏性极强。所以，上自统治阶层，下至平民百姓，无不喜爱甚至痴迷于这种技艺的魅力。宋代以后，由于火器的出现，徒手搏击术的功能渐渐弱化，但是在民间仍持续发展。

1979年，我国正式成立武术散打项目的试点，这是我国搏击术发展的重要里程碑，也是我国搏击术跟世界接轨的重要标志。

现代大众的意识当中，“搏击”一词似乎出自西方，原因是源自西方的一种搏击术——自由搏击项目的出现。自由搏击于20世纪60年代发源于欧美，以美国为主要发源地和发展中心，在西方文化环境影响下，在全球文化、经济等大范围交流碰撞和开放融合的历史背景中，逐渐孕育并发展壮大起来，是一种没有套路、没有宗派，强调个性风格，以实战求胜为主旨的西方自由式全接触徒手攻防搏击术。自由搏击兼容并蓄了东方中国武术，日本空手道、柔道、剑道，韩国跆拳道，泰拳以及西方拳击、柔术和摔跤等武道的精华，是现代东西方武道文化和技艺的最佳结合产物，是当今世界武坛独树一帜，高度科学化和艺术化的先进实战武道，体现了人类武道融汇的成果和结晶。

## 项目三　搏击的特点

### 一、搏击的覆盖性

搏击，是各种技击术的统称。从范围上来说，无论是有规则的技击格斗比赛项目，还是街头无规则的打斗，甚至是战争中生与死的搏杀，都可以称之为“搏击”。从项目上来说，无论是西方的自由搏击、拳击、格雷西柔术、法国腿击术，还是东方的武术散打、泰拳、空手道、柔道、跆拳道等，都属于搏击范畴。



### 二、搏击的统一性

搏击的统一性，在于其目的是采取一定的技术方法，击倒、击败、战胜对手。无论是在何种文化背景下和地域里发展起来的技击术，无论其风格怎样不同，其目的都是为了采取各种手段和技术战胜对手。

### 三、搏击的民族性

搏击的民族性体现为各民族在不同时间、不同地域、不同文化背景下发展起来的搏击术，风格各有不同。如散打具有中国武术的特点，拳击具有西方格斗的特点。“民族的即是世界的”，正是由于各种不同风格的搏击术的存在，才使得搏击运动有长久、旺盛的生命力。

### 四、搏击与武术散打的关系

总的来讲，武术散打是搏击术的一种，它们之间是分支和总称的关系。

散打，是两人按照一定的规则，运用武术中的踢、打、摔等攻防技法制胜对方的徒手对抗的现代竞技体育项目，它是中国武术的重要组成部分。散打运动，自1979年发展至今，经历了三十多年的发展和完善，体系已逐步成熟。在规则的修改、赛事的管理、技术骨干的培养、后备人才的储备、商业化发展以及和国际接轨方面，都有了一个全新的面貌，进入了一个高层次的发展阶段，并成为世界搏击舞台的新兴项目。

## 五、美国的自由搏击

自由搏击以竞赛的商业化、职业化程度高以及开放性好而著称。几乎所有国际自由搏击比赛中都采用“无限制自由比赛”的方法，不限制参赛选手的资格，在规则上与泰式比赛规则类似，参赛双方均赤裸上身（或穿短袖衫、背心），下穿长裤，手戴拳套，脚穿护具（或不穿），进行全接触搏击比赛。因此，自由搏击赛事往往异常紧张和激烈，非常吸引拳迷和观众，对自由搏击选手的技战术水平、战斗意志、体能、抗击力等整体搏击能力提出了更高、更全面的要求。而且，自由搏击打破宗派界限，凡承认其竞赛规则的团体或个人，均可参加自由搏击比赛，这在客观上为世界各种武术流派的交流以及对自由搏击技术体系的检验和完善提供了条件。因此，自由搏击赛制被国际武坛视为武道搏击的终极模式，并看作是真实体现武道优劣和选手真正实力的唯一公平模式。这样，自由搏击竞赛规则就成了国际武道竞技流行的和公认的标准。

# 项目四　搏击的作用和意义

当前世界，搏击术应用于很多领域，如现代战争、警察侦查抓捕、安全保卫、现代格斗竞技、专业教育教学、强身健体等等。

一般来说，搏击从安全模式和格斗形式上分为两大类：有规则保护的搏击和无规则搏击。

有规则保护的搏击对搏击者采取了下列的全部或部分限制措施：①必要的保护措施：佩戴必要的保护用具。②限制部分攻击技法和防守技法的使用。③规定允许进攻的目标。④规定器械规格和器械使用的技法。⑤规定使用搏击方法的时间与空间。⑥规定体重级别。⑦相同的性别。⑧有裁判参与。⑨具有胜负评价标准。

无规则搏击是指无任何条件限制的技击对抗。可能是单打独斗，也可能是一人对多人或多人对多人。它可以利用一切可以利用的手段和智慧，去摧残、制服、消灭对手。敌对双方战场上的肉搏，决定生死的防身自卫格斗，都属于无规则搏击。与有规则搏击不同的是：无规则搏击一般没有时间、技法、体重、场地等任何限制，它的目的是在保护自己的同时，使对手彻底失去反抗能力或付出生命的代价。无规则搏击具有极大的破坏性，以摧毁对方为目的，是生死攸关的拼杀，是完完全全的实战，是真正意义上的搏击。无规则搏击在任何情况下都可能发生，几乎没有事先的约定，具有不确定性和突发性，而且任何危险的情况都可能出现。因此，还具有取胜的偶然性。

目前，我国军警所采用的搏击教学，介于有规则保护的搏击和无规则搏击之间。从军警格斗训练的目的出发，是要求被训练者制服、擒拿并击败对手。它既不同于一般意义上以胜负为目的的搏击比赛训练，又不同于无规则搏击需要利用一切手段击倒并杀死对手。所以在教学时要求被训练者尽可能多地掌握各种搏击技术；在训练时要注意安全、分寸与方法；在执行任务时，要求根据任务需要和实际情况，利用所掌握的技术达到规定的目的。

一般来说，搏击运动在警校的具体作用有以下几点：

## 一、培养预备役警察的擒敌、抓捕技能

警校培养的专项人才，有相当一部分是会从事警察这个职业的。警察职业其中的一个职能就是制止犯罪行为、抓捕罪犯和维护社会治安。警察要更好地履行这一职能，胜任这种职业，练好搏击技术是其中的一个关键。

## 二、培养竞争意识

搏击是一项比较激烈的体育运动。面对实战，是成功与失败、兴奋与痛苦、失落与得意不断交错的一个过程。只有在激烈的对抗中，不断地尝试与获得，才能培养出一种胜不骄败不馁的竞争精神。警校的大学生，在警徽的照耀下，充满责任感与使命感，若在激烈的竞争中脱颖而出、练得过硬的搏击本领，对将来所要从事的特殊工作，将会更加自信、朝气蓬勃和充满竞争力。

## 三、锻炼意志

搏击运动对意志品质的锻炼是多方面的。首先，在身体素质训练方面，其过程是十分单调和枯燥的，这就要求大家能够克服身体上的疼痛，从小运动量到高强度的运动，从不适应到快速提高，这是一个比较艰苦的过程。其次，在实战对抗方面，需要克服心理上的胆怯和犹豫。对抗中遇到比自己强的对手，此时所面临的可能是挨打和失败，忍受身体和心理的痛苦。这使意志薄弱者望而却步，而意志坚强者则会坚持到底并取得胜利。数年系统的搏击训练，能培养出警校大学生顽强拼搏的意志品质，为走上警察岗位奠定坚实基础。



## 四、强身健体

搏击运动能够系统地提高人的速度、力量、耐力、柔韧性、灵敏度等身体素质，并增强人体内脏器官的功能，尤其对提高人的神经系统的灵活性有很好的作用。

## 五、发展心智

警察是个特殊职业，面对狡猾的罪犯，经常需要斗智斗勇。而搏击运动也绝非一项凭借蛮力取胜的运动，它需要讲究方法技巧，在实战中灵活地运用战略战术，以力、以巧取胜。因此，搏击练习能够有效地提高人的反应和应变能力，发展思维的敏捷性和灵活性，尤其能够培养在危难之际保持冷静而又从容面对的心理智能。

单元二

# 搏击的基本技术

## 项目一　基本技术

### 一、实战姿势（预备姿势）

实战姿势是对抗前的准备姿势，犹如一个屏障，可以有效地预防对手的进攻，可以最大限度地保护身体的薄弱部位，同时也可以快速地进攻对方。拳谚曰：“你忙我不忙，两手护胸膛。你慌我不慌，两手护中央。”“两肘不离肋，两拳不离心。”这些都是在强调实战时首先应该有效地保护自身要害部位。正确的实战姿势具有便于步法的移动、方便进攻、方便防守的特点。搏击的击打技术都是从攻防姿势开始的，掌握了实战姿势，自身的安全系数就可以大大提高，并且有利于搏击水平的提高，可以做到进可攻、退可守；心中有底，行动自如。搏击攻防姿势有左架和右架姿势之分。左架姿势：身体正面侧向右边，左拳左脚在前，右拳右脚在后；右架姿势：身体正面侧向左边，右拳右脚在前，左拳左脚在后，俗称“左撇子”。左右实战姿势，根据个人习惯站立。一般力量大的拳或脚放在后侧。

#### （一）动作方法

（1）以左实战姿势为例，从立正姿势开始，右脚向斜后方撤一步，略比肩宽。左脚在前，脚尖指向前方，右脚在后，脚尖指向右前方。前腿膝关节稍屈，后腿膝关节屈度比前腿膝关节屈度大些。身体重心落在两腿之间，着力点在两脚的前半脚掌上，两脚的脚后跟平浮于地面上。

（2）身体侧向对方，头略低，收下颌，前额朝向对方，上下齿合拢，舌贴上颚，目视前方。上体微向前倾，含胸、收腹。左肩略侧前，两肩勿耸起，也不可下垂。前臂抬起，轻握拳，前肘关节之间的夹角大约110°。右手握拳，拇指内侧置于下颌外侧，肘部下垂，轻贴在右肋处。神态要自然，全身肌肉不要紧张。（图2－1－1①②）

图2－1－1①

图2－1－1②

**（二）动作要点**

（1）两膝弯曲，角度不能太大，否则会影响步法移动。

（2）两腿不在同一直线上，有利于保持身体平衡，也有利于右拳、右脚的快速进攻。

（3）身体重心应位于两腿之间。

**（三）应注意的问题**

（1）不要过分低头、弯腰。

（2）身体重心不可偏前也不能偏后。



## 二、步法

步法是搏击的重要组成部分。实战步法根据攻防的需要来调整与对方的距离。在攻防时利用步法可以维持身体重心平衡，灵活、多变、快速地移动身体，使自己处在进攻和防守的最佳位置上。拳谚“三分拳，七分步”、“步动招随，招起步到”、“拳到步到”说的就是这个道理。搏击的基本步法有：滑步、垫步、上步、撤步、换步、环绕步、带步等。

**（一）滑步**

1. 前滑步

动作方法：实战姿势站立（左实战姿势），右脚蹬地，左脚向前上半步；落地时以前脚掌先着地，随后右脚迅速向前跟进半步；身体保持实战姿势。

动作要点：移动时两脚之间的距离保持不变，两脚不可离开地面；上步要快，跟步要迅速；步子可以大也可以小，可以进一步，也可连续进几步。

动作用途：调整与对方之间的距离，主动攻击。

2. 后滑步

动作方法：实战姿势站立（左实战姿势），左脚蹬地，右脚先后退半步；落地时以前脚掌先着地，随后左脚向后跟进半步；身体保持实战姿势。

动作要点：身体重心要平稳，重心不要超出两脚的支撑面，借助蹬地的反作用力加快移动速度。

动作用途：急退躲避对方的进攻。

3. *左滑步（闪步）*

动作方法：实战姿势站立（左实战姿势），左脚向左侧迅速蹭出半步，随后后脚以前脚为轴迅速向左滑动一步；动作完成后实战姿势站立。

动作要点：向左滑步时，身体重心要平稳，不可前俯也不可后仰；脚掌尽可能地不要离开地面。

动作用途：身体向左移动，避开对手的直线进攻。

4. *右滑步（闪步）*

动作方法：实战姿势站立（左实战姿势），左脚蹬地，右脚向右侧横向蹭出，随后以髋部带动前脚向右侧滑动，左脚滑动的距离和右脚蹭出的距离相同；动作完成后实战姿势站立。

动作要点：向右侧滑步时，身体重心要平稳，不可前俯也不可后仰，脚掌尽可能地不要离开地面。

动作用途：身体向右移动，避开对手的直线进攻。

**（二）垫步**

动作方法：实战姿势站立（左实战姿势），重心前移；右脚蹬地向左脚内侧并拢，随即左腿屈膝提起向前一步。

动作要点：右脚向左脚并拢要快，动作要连贯；但垫步时不能腾空。

动作用途：调整距离，连接腿法进攻。

**（三）上步**

动作方法：实战姿势站立（左实战姿势），以左脚掌为轴，右脚蹬地向前一步，同时左、右拳前后交换，成右实战姿势。

动作要点：动作要协调一致，上步要快，身体前后不能摆动，两手要同时前后交换。

动作用途：调整距离寻找进攻机会。

**（四）撤步**

动作方法：实战姿势站立（左实战姿势），以右脚掌为轴，左脚向后撤一步，同时左、右拳前后交换，成右实战姿势。

动作要点：撤步要快，步伐不要过大。

动作用途：避开对手的进攻或调整实战位置。

**（五）换步**

动作方法：实战姿势站立（左实战姿势），左右脚同时蹬地稍离地面，以腰部力量带动双腿，在空中左右腿前后互换，落地后成右实战姿势站立。

动作要点：两腿快速交换，身体不能腾空过高。

动作用途：调整左右实战姿势。

**（六）环绕步**

1. *左环绕步*

动作方法：实战姿势站立（左实战姿势），右脚蹬地，左脚向侧前方上步，以此连续向左弧线环绕滑动。

动作要点：左脚先动，右脚随时跟上，上步距离不宜过大，双腿要有弹性。

动作用途：转移进攻方向，寻找进攻机会，是对对手迂回的一种步法。

2. 右环绕步

动作方法：实战姿势站立（左实战姿势），左脚蹬地，右脚向右前方上步，并连续向右弧线环绕滑动。

动作要点：右脚先动，左脚随时跟上，上步距离不宜过大，双腿要有弹性。

动作用途：转移进攻方向，寻找进攻机会，是对对手迂回的一种步法。

**（七）盖步**

动作方法：实战姿势站立（左实战姿势），左脚不动，右脚从左脚掌前方迈一步，成交叉（重心移至左脚），随即左脚向前上步，成实战姿势。

动作要点：迈步身体不转，重心不起伏。

实战用途：连接侧踹腿的进攻动作。

**（八）插步**

动作方法：实战姿势站立（左实战姿势），左脚不动，右脚从左脚后侧向前方迈一步，成交叉，随即左脚向前上步，成实战姿势。

动作要点：动作要协调一致。

实战用途：连接侧踹腿、后摆拳的进攻动作。

**（九）带步**

动作方法：实战姿势站立（左实战姿势），左腿膝关节稍屈提起，右腿连续蹬地向前移动。

动作要点：支撑脚不可离开地面，前后移动时重心平稳。

实战作用：用于调整距离。

**（十）纵步**

1. 前纵步

动作方法：实战姿势站立（左实战姿势），两腿同时蹬地，向前纵跳出去；动作完成后成实战姿势站立。

动作要点：启动动作前不宜过分降低重心，否则容易暴露动作意图；动作主要靠脚踝的力量向前纵出，但不宜过于腾空。

动作用途：用于接近对手。

2. 后纵步

动作方法：实战姿势站立（左实战姿势），两腿同时蹬地，向后纵跳出去。动作完成后保持实战姿势站立。

动作要点：启动动作前不宜过分降低重心，否则会容易暴露动作意图；动作主要靠脚踝的力量向后纵出，但不宜过于腾空。

动作用途：摆脱对方进攻。

## 三、拳法

拳法是搏击中威慑力量比较强的技法之一，它具有速度快且灵活多变的特点。在实战运用中常用的拳法有直拳、摆拳、勾拳和转身后摆拳等。学习拳法时的难点是克服出拳和步法的协调不一致。出拳时在发力过程中用拳法击中对手不仅靠上肢的伸长，而且要靠步法的移动来调整有效距离。出拳的力量来自脚蹬地、转髋、转（压）肩、送臂出拳。只有正确地掌握拳法的动作技术才能有效地提高拳法的威力。

### （一）直拳

1. *左直拳*

（1）动作方法：实战姿势站立（左实战姿势），右脚蹬地，身体重心快速移至左脚，同时髋关节带动肩向右旋转，在转体的同时送左肩，以肩带动前臂快速向前直线击出，同时左臂向内旋，拳心朝下，送肩探臂，力达拳面；右手放在下颌处防守，肘部自然下垂；出拳后迅速按出拳的路线收回，成实战姿势站立（图2－1－2）。

（2）应注意的问题。

①出拳时不得有往回拉的动作，以免暴露动作意图。

②出拳时拳的路线不直，而是以肘为轴出现敲击的现象。

③出拳时不能翻肘，形成横向出拳的动作。

图2－1－2

2. *右直拳*

（1）动作方法：实战姿势站立（左实战姿势），右脚蹬地，同时合髋、转腰、送肩；右拳旋臂向前直线击出，拳心朝下，力达拳面；左手放在下颌处防守，肘部自然下垂；下颌微收，目视前方，动作完成后按出拳的路线收回，成实战姿势站立（图2－1－3）。

（2）应注意的问题。

①出拳时身体重心移至左脚。

②右脚蹬地、转上体和出拳的动作要协调一致。

③出拳时上体不可前倾。

图2－1－3

### （二）摆拳

1. *左摆拳*

（1）动作方法：实战姿势站立（左实战姿势），右脚蹬地，向右转体，身体重心随着摆拳的出击而转移到左脚上；左肘关节弯曲约120°左右，前手臂抬肘略与肩平，由外向内弧线向前击出，拳心向下，力达拳面；右手护住下颌，肘关节自然下垂，动作完成后按出拳的路线收回，成实战姿势站立（图2－1－4）。

（2）应注意的问题。

①摆拳出击时的标准是拳至身体中心线处。

②出拳时应避免拳向后拉的现象。

③不可过早翻肘，以免出现甩拳。

图2－1－4

2. *右摆拳*

（1）动作方法：实战姿势站立（左实战姿势），右脚蹬地，脚跟向外侧旋转；身体重心随着摆拳的出击而转移到左脚上，以腰带臂，右手臂抬起，与肩同高；右拳由外向内横向弧线摆动击打，拳心向下，击打时右臂高于左臂；同时左手放在下颌处防守，肘部自然下垂；出拳后迅速按出拳的路线收回，成实战姿势站立（图2－1－5）。

（2）应注意的问题。

①摆拳上臂与前臂的夹角应根据对手的距离来调整确定。

图 2-1-5

②摆拳打出时，应注意拳心向下。

**（三）勾拳**

1. *左勾拳*

（1）动作方法：实战姿势站立（左实战姿势），身体略向左侧下转、屈膝，重心移至左腿，左肩沉低；左脚蹬地的同时左腰向上、向内挺出；左拳借挺腰的力量由下向上抄起，同时前臂内旋，使拳心向内；挺腰时左腿膝关节基本挺直，马上制动并短促发力、力达拳面。右手放在下颌处防守，肘部自然下垂；击打后按出拳的路线收回，成实战姿势站立（图 2-1-6）。

（2）应注意的问题。

①动作不宜过大，要有控制力，发力要短促有力。

②挺腰时上体不可向侧后仰或挺腹。

③借助脚蹬地、挺腰的力量，由下向上击打，动作协调一致。

图 2-1-6

2. *右勾拳*

（1）动作方法：实战姿势站立（左实战姿势），身体略向右侧下转、屈膝，身体重心略下降，右脚随之蹬地挺腰，上体左转，右腿膝关节迅速挺伸；同时右拳由下向前上抄起，拳心向内，挺腰发力后要及时制动，力达拳面；左手收至下颌处防守，肘部自然下垂。击打后按出拳的路线收回，成实战姿势站立（图 2-1-7）。



（2）应注意的问题。

①动作不宜过大，要有控制力，发力要短促有力。

②挺腰时上体不能向侧后仰或挺腹。

③借助脚蹬地、挺腰的力量，由下向上击打，动作协调一致。

图 2-1-7

**（四）转身后摆拳（又称鞭拳）**

1. *左后摆拳*

（1）动作方法：实战姿势站立（左实战姿势），右脚蹬地向前上步，同时身体向左后方转体，上动不停；右脚落地后成右实战姿势，同时身体继续向左后方转体，左脚经右脚后方成交叉步，以腰带肩、带臂向左前方用拳背和前臂外侧用力鞭打；拳眼向上，力达拳背（图 2-1-8~11）。

（2）应注意的问题。

①后摆拳击打的路线应是横向的。

②整个动作要一气呵成，出拳时要保持身体平衡。

③出拳时要以腰带肩，以肩带臂。

图 2－1－8

图 2－1－9

图 2－1－10

图 2－1－11

2．*右后摆拳*

（1）动作方法：实战姿势站立（左实战姿势），右脚蹬地经左脚脚后方成交叉步，以两前脚掌为轴，随即上体右后转，以腰带肩；带臂向右前方用拳背和前臂外侧用力鞭打，拳眼向上，力达拳背（图 2－1－12～14）。

（2）应注意的问题。

①后摆拳击打的路线应是横向的。

②整个动作要一气呵成，出拳时要保持身体平衡。

③出拳时要以腰带肩，以肩带臂。

图 2－1－12

图 2－1－13

图 2－1－14

## 四、腿法

腿法是搏击技术中最重要的技法之一，在实战中占有较大的比重，其特点在于它是远距离对抗的主要方法，力度大，攻击力强。由于腿法的攻击距离较长，动作幅度较大，所以在练习中尤其要注意，养成在做动作前不可有多余或不合理的动作习惯。启动前预兆要小，要有隐蔽性。腿法主要包括：侧踹、鞭、正蹬、转身后摆、勾踢腿等。

**（一）侧踹腿**

1. *左侧踹腿*

（1）动作方法：实战姿势站立（左实战姿势），身体重心后移，右腿膝关节微屈，左腿屈膝提起，与腰同高；大腿与小腹成 90°，小腿与大腿成 90°；脚尖自然勾起，脚掌指向对手，上体握拳成实战姿势；侧后倒体的同时，大腿猛力伸直，带动脚掌向左沿直线蹬踹；发力同时展髋，支撑腿和脚尖指向侧后方；动作完成后按原路线收回，成实战姿势［图 2－1－15（低左侧踹腿）－16（中左侧踹腿）－17（高左侧踹腿）］。

（2）应注意的问题。

①倒体与踹腿动作是同时的。

②动作完成时上体和腿应成一条直线。

图 2－1－15

图 2－1－16

图 2－1－17

2. *右侧踹腿*

（1）动作方法：实战姿势站立（左实战姿势），重心前移，身体向左转 180°，以腰带动右腿向前；屈膝前抬、小腿外摆、脚尖勾起、脚掌正对攻击目标，用力向前踹出，力达脚掌；动作完成后快速落地，成右实战姿势［图 2－1－18（低右侧踹腿）－19（中右侧踹腿）－20（高右侧踹腿）］。

（2）应注意的问题。由于右腿侧踹的路线较长，稳定性较差，所以要求速度快，整体动作一气呵成。

图 2－1－18

图 2－1－19

图 2－1－20

## （二）鞭腿

1．*左鞭腿*

（1）动作方法：实战姿势站立（左实战姿势），身体重心移至右腿，上体稍向右转侧倾。同时左腿屈膝（大概 100°）提起，右脚以前脚掌为轴，脚跟内旋；由转体动作带动大小腿，横向由外向内、向上、向前弧线形成鞭踢，力达脚背，目视击出脚；动作完成后按原路线收回，成实战姿势［图 2－1－21（低左鞭腿）－22（中左鞭腿）－23（高左鞭腿）］。

（2）应注意的问题。

①鞭腿踢出时，迅速伸展发力，并借助转腰的力量加大打击力度。

②打击路线应是横向的，不能向上撩摆。

③注意上体稍立起，支撑腿挺髋站稳。

图 2－1－21

图 2－1－22

图 2－1－23

2．*右鞭腿*

（1）动作方法：实战姿势站立（左实战姿势），右腿蹬地，身体重心移至左腿；右腿屈膝（大概 100°）提起，左脚以前脚掌为轴，脚跟内旋；提右腿的同时上动不停，随即用力拧腰转髋，猛力挺膝绷脚面，横向由外向内、向上、向前弧形鞭踢；力达踝关节及脚背部，目视出击脚，动作完成后按原路线收回，成实战姿势站立［图 2－1－24（低右鞭腿）－25（中右鞭腿）－26（高右鞭腿）］。

（2）应注意的问题。

①借助转腰、蹬地的力量来加大腿法的速度和力量，支撑脚尖外展。

②髋关节向前送，脚的击打似鞭梢动作。

③打击路线应是横向的，不能向上撩摆。

④注意上体稍立起，支撑腿挺髋站稳。

图 2－1－24

图 2－1－25

图 2－1－26

**（三）正蹬腿**

1. 左正蹬腿

（1）动作方法：实战姿势站立（左实战姿势），身体重心移至右腿；右腿膝关节微屈，左腿屈膝正面提起，脚尖勾起，脚掌朝向正前方，大腿贴近胸部。上动不停，两手收至头部两侧，两臂护住肋部，送髋前脚由屈到伸迅速向前蹬出，力达足跟；当接触目标的瞬间，伸髋使前脚掌向前下方伸展，动作完成后按出腿路线收回，成实战姿势站立［图 2－1－27（低左正蹬腿）－28（中左正蹬腿）－29（高左正蹬腿）］。

（2）应注意的问题。

①提膝时应根据攻击的部位来确定高低；攻击躯干部位时，膝关节应超过腰部。

②避免出现弹腿及下踏动作，出腿时要保持身体重心，避免身体过分后仰。

③避免出现上踢动作。

图 2－1－27

图 2－1－28

图 2－1－29

2. 右正蹬腿

（1）动作方法：实战姿势站立（左实战姿势），右脚前脚掌蹬地，重心前移，同时屈膝腿上提，踝关节勾起，上体含胸收腹，随即提膝送髋，带动大小腿向前蹬出，力达脚跟；触及目标时踝关节用力，前脚掌前展，两拳收至头部两侧，目视前方；动作完成后按原路线收回，成实战姿势站立［图 2－1－30（低右正蹬腿）－31（中右正蹬腿）－32（高右正蹬腿）]。

（2）应注意的问题。

①提膝时大腿贴近胸部；攻击躯干部位时，膝关节应超过腰部。

②避免出现弹腿及下踏动作，出腿时要保持身体重心，避免身体过分后仰。

图 2－1－30

图 2－1－31

图 2－1－32

**（四）转身后摆腿**

1．直接转身摆腿（又名原地后摆腿）

（1）动作方法：实战姿势站立（左实战姿势），右腿蹬地，身体重心移至左腿，左脚以前脚掌为轴向右后猛转，同时右腿屈膝提起，随转体动作大、小腿伸直，由下向上，由后向前摆踢；摆踢时脚面绷紧，力达脚掌和脚跟，目视摆动腿；当右腿摆至身体前中心线时开始下落回收，回到原来的位置，成实战姿势站立（图 2－1－33～36）。

（2）应注意的问题。

①腿法摆动时要转腰送髋，上体与摆动腿基本成一条直线；要借助蹬地转腰的力量来加大腿法的打击力度。

②上体微后倾，但不要低于腰部。

③避免过早出腿摆踢，腿摆至身体前正中线时应力量最大，速度最快，超过中线时小腿放松回收。

图 2－1－33

图 2－1－34

图 2－1－35

图 2－1－36

2. 上步后摆腿

图 2－1－37

（1）动作方法：实战姿势站立（左实战姿势），身体重心前移，右脚向前上一步，脚尖内扣，身体向右后转体，以右脚支撑，同时左脚屈膝提起；上动不停，左脚随转体动作向后左前、上横摆，脚面绷紧，力达脚掌或脚跟。动作完成后，成实战姿势站立（图 2－1－37～40）。

（2）应注意的问题。

①腿摆动时要展髋送腰，上体与摆动腿基本成一条直线；要借助蹬地转腰的力量来加大腿法的打击力度。

②上体微后倾，但不要低于腰部。

③避免过早出腿摆踢，腿摆至身体前正中线时应力量最大，速度最快，超过中线时小腿放松回收。

④上步要迅速，上步、转体、摆腿动作要一气呵成。

图 2－1－38

图 2－1－39

图 2－1－40

**（五）勾踢腿**

1. 左勾踢腿

（1）动作方法：实战姿势站立（左实战姿势），右腿弯曲，膝稍外展，上体向右转，收腹合胯，带动左腿，左腿膝关节稍屈、勾脚向前、向右弧线擦地勾踢，力达足弓内侧，动作完成后成实战姿势站立（图 2－1－41～42）。

（2）应注意的问题。

①勾踢发力要猛，动作迅速，力点准确，保持身体平衡。

②应注意动作幅度不要过大，不能有预摆动作。

图 2-1-41

图 2-1-42

2. *右勾踢腿*

（1）动作方法：实战姿势站立（左实战姿势），左腿弯曲，膝外展，右脚蹬地，身体左转 180°，收腹合胯，右腿膝关节稍屈、勾脚向前，向左弧线擦地勾踢，脚背屈紧并内扣，力达足弓内侧，动作完成后按原路线返回，成实战姿势站立（图 2-1-43~44）。

（2）应注意的问题。

①勾踢发力要猛，动作迅速，力点准确，保持身体平衡。

②应注意动作幅度不要过大，不可有预摆动作。

图 2-1-43

图 2-1-44

## 五、膝法

膝法，是搏击技术的基本技法之一，多施用于中近距离。由于膝法隐蔽性好，出击的线路短、速度快、爆发力强，在双方近距离搏击中应用时对方很难防范，因此命中率高，杀伤力惊人。膝部粗实、坚硬，具有较大的攻击力。膝短，用法隐蔽，经常用于攻击人体的肋、腰、下颚和腹部、胸部，让对手防不胜防，多在近身时运用。常用的膝法有顶膝、斜顶膝、撞膝、拐膝、横撞膝和飞膝等。

### （一）顶膝

顶膝是用膝由下向上顶击的膝法。此法击打力强，杀伤力大，分左顶膝和右顶膝两种，主要用于攻击对方的头、胸、腹、裆等部位。

1. 左顶膝

图 2－1－45

（1）动作方法：由实战预备势开始。左脚蹬地，身体重心移至右脚，随即右脚蹬地，挺膝；同时左腿屈膝上提，膝尖向上，高过于腰，左脚尖向下，力达膝尖，目视前下方；击打后左脚前落还原成实战预备势（图 2－1－45）。

（2）动作要点：左膝要直向上顶，左髋可外展，上体略后仰；支撑腿要稳，上顶要快速有力。

2. 右顶膝

图 2－1－46

（1）动作方法：由实战预备势开始，右脚蹬地，身体重心移至左脚，随即左脚蹬地、挺膝；同时右腿屈膝上提，膝尖向上，高过于腰，右脚尖向下，力达膝尖，目视前下方；击打后右脚还原成实战预备势（图 2－1－46）。

（2）动作要点：右膝要直向上顶，左髋向外展，上体略后仰；支撑腿要稳，上顶要快速有力。

**（二）斜顶膝**

斜顶膝是由下向上、由外向内斜顶的膝法。分为左斜顶膝和右斜顶膝两种。主要用于攻击对方头、肋、胸、腹、裆等部位。

1. 左斜顶膝

图 2－1－47

（1）动作方法：由实战预备势开始，左脚蹬地，身体重心移至右腿，左腿屈膝上提，向外展髋；随即右脚蹬地、挺膝，脚跟内收，脚掌碾地；同时左髋、大腿内收，使左膝向右斜上顶，膝尖朝右上，力达膝尖，脚面绷紧，脚底朝左下，目视右前下方；击打后左脚下落还原成实战预备势（图 2－1－47）。

（2）动作要点：左膝斜顶要内收左髋和左大腿，向左拧腰，同时注意右脚掌碾地。

2. 右斜顶膝

（1）动作方法：由实战预备势开始，右脚蹬地，身体重心移至左腿，右腿屈膝上提，向外展髋；随即左脚蹬地、挺膝，脚跟内收，脚掌碾地；同时右髋、大腿内收，使右膝向左斜上顶，膝尖朝左上，力达膝尖，脚面绷紧，脚底朝右下，目视左前下方；击打后右脚下落还原成实战预备势（图 2－1－48）。

（2）动作要点：右膝斜顶要内收右髋和右大腿，向右拧腰，同时注意左脚掌碾地。

**（三）撞膝**

撞膝是用膝部向前上方撞的膝法。此法分为左撞膝和右撞膝两种，主要用于攻击对方胸、腹等部位。

1. 左撞膝

（1）动作方法：由实战预备势开始，左脚蹬地，身体重心移至右脚，右膝略屈；左腿屈膝上提，膝高过腰，脚尖自然下垂；随即右脚蹬地，脚跟上抬，挺膝、展髋，左腿大小腿夹紧，脚面绷紧，上体略后仰，使左膝向前撞击，力达膝尖，目视前下方，击打后左脚前下落还原成实战预备势（图 2－1－49）。

(2) 动作要点：右脚蹬地要迅速，挺膝伸髋要充分，支撑腿要稳。左腿撞膝要快速、有力。

2. *右撞膝*

(1) 动作方法：由实战预备势开始，右脚蹬地，身体重心移至左脚，左膝略屈；右腿屈膝上提，膝高过腰，脚尖自然下垂；随即左脚蹬地，脚跟上抬，挺膝、展髋，右腿大小腿夹紧，脚面绷紧，上体略后仰，使右膝向前撞击，力达膝尖，目视前下方；击打后右脚下落成右实战预备势（图 2－1－50）。

(2) 动作要点：左脚蹬地要迅速，挺膝伸髋要充分，支撑腿要稳；右腿撞膝要快速、有力。

图 2－1－48

**（四）拐膝**

拐膝是由外向内拐击的膝法。此法分为左拐膝和右拐膝两种，主要用于攻击对方胸、腹、肋、背等部位。

1. *左拐膝*

(1) 动作方法：由实战预备势开始，左脚蹬地，身体重心移至右腿，左腿屈膝上提；右脚蹬地，挺膝、展胯，使左膝由里向外再向内横击，左膝高过于腰，膝尖朝左上，大小腿夹紧，脚面绷紧朝右下，目视左前下方，击打后左脚下落还原成实战预备势（图 2－1－51～52）。

图 2－1－49

图 2－1－50

图 2－1－51

图 2－1－52

(2) 动作要点：膝向外拐要靠左胯外展与向外展左腿的力；左腿外展的幅度要适中，以防重心不稳。上提膝与外拐要连贯协调一致。

2. *右拐膝*

(1) 动作方法：由实战预备势开始。右脚蹬地，身体重心移至左腿，右腿屈膝上提；左脚蹬地，挺膝、展胯，使右膝由里向外再向内横击，右膝高过于腰，膝尖朝右上，大小腿夹紧，脚面绷紧朝左下，目视左前下方，击打后右脚下落还原成实战预备势（图 2－1－53～54）。

图 2-1-53

图 2-1-54

（2）动作要点：膝向外拐要靠外展右胯与向外展右腿的力，右腿外展的幅度要适中，以防重心不稳。上提膝与外拐要连贯协调一致。

**（五）横撞膝**

横撞膝是由外向内横向击打的膝法。分左横撞膝和右横撞膝两种，主要用于攻击肋、头、胸等部位。

1. *左横撞膝*

（1）动作方法：由实战预备势开始。左脚蹬地，身体重心移至右腿，左腿屈膝上抬展胯，膝高过腰，小腿抬至与大腿平，与大腿相叠；随即右脚蹬地、挺膝、脚跟内收，脚掌碾地，同时左髋和大腿内收，使左膝横向向右横撞，力达膝尖的大腿部，随之腰向左拧，目视前下方；击打后左脚下落还原成实战预备势（图 2-1-55）。

图 2-1-55

（2）动作要点：左膝上抬时要外展，小腿要抬至与大腿平，尽力屈膝相叠；横撞时左髋、左大腿内收，并向左拧腰转身。

2. *右横撞膝*

（1）动作方法：由实战预备势开始，右脚蹬地，身体重心移至左腿，右腿屈膝上抬展胯，膝高过腰，小腿抬至与大腿平，与大腿相叠；随即左脚蹬地挺膝，脚跟内收，脚掌碾地，同时右髋和大腿内收，使右膝横向向左横撞，力达膝尖的大腿部，随之腰向右拧，目视前下方。击打后右脚下落还原成实战预备势（图 2-1-56）。

图 2-1-56

（2）动作要点：右膝上抬时要外展，小腿要抬至与大腿平，尽力屈膝相叠；横撞时右髋、右大腿内收，向右拧腰转身。

**（六）飞膝**

飞膝是身体腾空，在空中做的各种膝法。此法动作突发性大，攻击力强，但有一定的难度，主要用于攻击头和胸等部位。

1. *腾空左顶膝*

（1）动作方法：由实战预备势开始。两脚蹬地，身体腾空，在空中做左顶膝动作，目视前下方；出击后下落还原（图2－1－57）。

（2）动作要点：腾空要高，顶膝要快速，下落要轻，先用前脚掌着地，逐步过渡到全脚掌着地。

2．腾空右顶膝

（1）动作方法：由实战预备势开始，两脚蹬地，身体腾空，在空中做右顶膝动作，目视前下方；出击后下落还原（图2－1－58）。

（2）动作要点：腾空要高，顶膝要快速，下落要轻，先用前脚掌着地，逐步过渡到全脚掌着地。

图2－1－57

## 六、肘法

肘法是搏击在实战近距离攻击时常用的基本技法之一，肘的隐蔽性好，动作距离短、速度快、预兆小、力量大、杀伤力强、进攻突然，动作路线变幻莫测，可运用顶、挑、盘、砸、靠等方法。

图2－1－58

### （一）前（左）顶肘

图2－1－59

1．动作方法

实战姿势站立（左实战姿势），身体先稍向后转，重心移至右腿，随即右脚蹬地催动腰带动上体，左小臂内旋平屈，大小臂水平夹紧，左手握拳，拳心向下，肘尖向前，同时重心前移，右掌推左拳助力，猛力向前顶肘（图2－1－59）。

2．应注意的问题

（1）顶肘时，肘要与肩平齐，最大限度地将蹬地转体的力量传递到肘上。

（2）顶肘的路线直，方向要正对前方。

（3）顶肘时上体不仅要转体，还要稍向前倾，利用上体自身重量加大打击力度。

### （二）后（右）顶肘

图2－1－60

1．动作方法

实战姿势站立（左实战姿势），右脚快速上前一步，重心移至左腿，上体稍向后转，随即左脚蹬地重心前移，右小臂内旋平屈，大小臂水平夹紧，右手握拳，拳心向下，肘尖向前，同时左掌推右拳助力，猛力向前顶肘（图2－1－60）。

2．应注意的问题

（1）顶肘时，肘要与肩平齐，最大限度地将蹬地转体的力量传递到肘上。

（2）顶肘的路线要直，方向要正对前方。

（3）顶肘时上体不仅要转体，还要稍向前倾，利用上体自身重量加大打击力度。

（4）转身上步要快速，上步的路线要笔直向前，距离不可过大。

**（三）盘肘**

1. 前（左）盘肘

（1）动作方法：实战姿势站立（左实战姿势），右脚急速向前跨一步，在跨步的同时，左臂大小臂夹紧屈肘，稍向外张肩展胸，抬臂与肩平，拳眼对胸，快速拧腰、转肩，肘由左向右前弧线猛力横击（图2－1－61）。

图2－1－61

（2）应注意的问题。

①跨步的距离要适中，肘部外张不能过大，不然会过早暴露动作意图，降低打击效果。

②跨步速度要快，与盘肘的结合要紧密，动作幅度要小。

2. 后（右）盘肘

（1）动作方法：实战姿势站立（左实战姿势），向前滑步，在滑步的同时，右臂大小臂夹紧屈肘，稍向外张肩展胸，抬臂与肩平，拳眼对胸，快速转腰、转肩，肘由右向左前弧线猛力横击（图2－1－62）。

图2－1－62

（2）应注意的问题。

①注意滑步的距离、肘部外张不能过大，否则会过早暴露动作意图，降低打击效果。

②滑步速度要快，与盘肘的结合要紧密，动作幅度要小。

3. 挑肘

（1）动作方法：实战姿势站立（左实战姿势），上体稍向右（左）侧下潜，随即右（左）臂大小臂夹紧，以两腿蹬地、挺腰以及上体左（右）转的力量，由后经下向上方用肘尖猛挑，右（左）拳拳心向左（右），拳面向后，肘尖向斜上方（图2－1－63～64）。

图2－1－63

图2－1－64

（2）应注意的问题。

①发力时肘尖要弧线上挑。

②两腿蹬地与上体挺腰及左转要用爆发力，动作要协调一致。

4. 砸肘

（1）动作方法：实战姿势站立（左实战姿势），大臂抬至肩高，大小臂夹紧，肘尖向下垂直砸击，屈膝的同时身体重心下降（图2－1－65～66）。

（2）应注意的问题。

①肩要下压，力达肘尖。

②下砸肘时，腰和身体的重心相互配合。

图2－1－65

图2－1－66

## 七、摔法

摔法技术也是搏击的重要组成部分，熟练地掌握摔法技术，成功地运用摔法是取得胜利的有效手段。运用灵活多变的技术动作摔倒对手，既有主动进攻的摔法，也有被动反攻的摔法；既有近距离搂抱贴身的摔法，又有远距离踢打中接抱上、下肢的摔法。这在其他的摔跤比赛中是很少见到的。

1. 夹颈过背摔

（1）动作方法：双方实战姿势站立（左实战姿势），对方以右拳进攻我头部，我迅速用左臂格架其拳，顺势翻腕抓其右上臂；我右臂从对手左臂上穿过，屈臂夹住对手的颈部；同时右脚向左前方上步与左脚平行，两腿屈膝用右髋贴近对方下腹位置，双腿用力蹬直，双手用力向前下牵拉，向下弓腰，低头将对手背起后摔倒（图2－1－67～70）。

图2－1－67

图2－1－68

图 2－1－69

图 2－1－70

（2）应注意的问题：夹颈要牢固，弓腰低头、双腿蹬直，动作要协调用力。

2. 插肩过背摔

（1）动作方法：双方抱缠时，我迅速向右闪身，右臂顺势从对方左腋下穿过（插肩），同时左脚向右撤一步与右脚平行，两腿屈蹬，左手抓住对方右手臂，随即低头，向下弓腰，两腿迅速蹬直将对方背起向前方摔出（图 2－1－71～74）。

图 2－1－71

图 2－1－72

图 2－1－73

图 2－1－74

（2）应注意的问题。

①插肩要快，撤步转身与过背的动作要协调一致。

②以腰部为支点，背部要贴紧对手。

3．抱腰过胸摔

（1）动作方法：双方实战姿势站立（左实战姿势），对方用拳攻击我头部时，我向左侧闪身的同时向前滑步贴近对方，左右手臂抱紧对方腰部；双腿屈膝，右腿上步后蹬腿，向后弓腰、仰头将对方抱起，右腿后撤半步，突然转体向右将对方摔于身下（图2－1－75～78）。

图2－1－75

图2－1－76

图2－1－77

图2－1－78

（2）应注意的问题。

①闪身要快，抱腰要紧，转身翻腰要及时。

②过背、翻腰、后倒要大胆迅速，掌握好时机。

4．抱腿前顶摔

（1）动作方法：双方实战姿势站立（左实战姿势），对方用拳进攻我头部时，我在下潜的同时向前滑步，双手抱住对方的双腿膝关节处；上动不停，随即左肩用力前顶。同时两手用力向回拉，将对手摔倒（图 2 – 1 – 79 ~ 82）。

（2）应注意的问题：下潜、滑步要快，前顶与回拉要同步进行。

图 2 – 1 – 79

图 2 – 1 – 80

图 2 – 1 – 81

图 2 – 1 – 82

5．抱腿过肩摔

（1）动作方法：对方用直拳（摆拳）攻击我头部时，我迅速下潜躲开对方来拳，下潜的同时迅速向前上步，两手抱住对手膝（单、双膝）关节处；随即挺膝伸腰，将对方扛起，从肩上用力向后方摔出（图 2 – 1 – 83 ~ 86）。

图 2 – 1 – 83

图 2 – 1 – 84

图 2－1－85

图 2－1－86

（2）应注意的问题。

①向前上步时，后腿要迅速跟上，以免左右腿距离太大，不能将对方抱起。

②下潜抱腿时，双手应抱在对方的膝关节处。

6. 大背摔

（1）动作方法：双方实战姿势站立（左实战姿势），对方用右摆（直）拳进攻我头部时，我左前臂格架对方右手的同时，右手臂由对方右腋下穿过，并上抱其右上臂至肩处，同时身体向左转 180°，左脚向后撤一步；低头、弓腰，两腿屈蹬。随即两腿蹬直，将对方从背上摔出（图 2－1－87～90）。

图 2－1－87

图 2－1－88

图2－1－89

图2－1－90

（2）应注意的问题：自己的右肩应顶在对方的右肩下。

7. 架拦踢

（1）动作方法：双方在实战中缠抱在一起时，我突然用左手臂夹住对方右前臂，右手同时插入对方的左腋下；上动不停，迅速向左闪身的同时右手臂向上提，并向上、向体后架拉。同时右脚拦踢对方支撑脚，将其摔倒（图2－1－91～94）。

图2－1－91

图2－1－92

图2－1－93

图2－1－94

（2）应注意的问题。

①插入对方腋下后，闪身要快，架拉与拦踢要同时进行。

②要充分利用腰部力量。

8. 抱腿枕摔

（1）动作方法：双方在实战中缠抱在一起时，我突然下潜用左臂将对方右大腿抱牢，同时左腿从对方的右腿后侧伸出；并屈膝顶在对方膝关节处，头部枕靠在小腹上，动作不停，右腿后撤一大步，上体突然转体后仰将对方摔倒（图2－1－95～98）。

图2－1－95

图2－1－96

图2－1－97

图2－1－98

（2）应注意的问题。

①抱腿要牢，枕靠要突然发力。

②腿、腰、头用力要一致。

9. 涮腿摔

（1）动作方法：对方用左（右）腿进攻我胸部或腹部时，我利用接腿技术接住对方的腿后将其固定住，不让其挣脱，紧接着左（右）腿向后撤步，同时双手顺势向后拉，后拉的过程中突然改变方向，将对方的腿向左（右）上方弧形牵引，成反方向将对方摔倒（图2－1－99～102）。

图 2－1－99

图 2－1－100

图 2－1－101

图 2－1－102

（2）应注意的问题。在对方出腿重心不稳时，借对方的力量改变其运动路线。



10．接腿别摔

（1）动作方法：对方使用腿法攻击我时，我利用接腿技术接住对方的进攻腿后，用左手抱住对方膝关节处，用右手将对方小腿固定住，双手抱紧腿，动作不停，迅速将左（右）腿伸向对方支撑腿的后方，同时身体向右（左）侧转，把对方摔倒（图 2－1－103～106）。

图 2－1－103

图 2－1－104

图 2 - 1 - 105

图 2 - 1 - 106

（2）应注意的问题。上肢动作和别腿发力要果断、迅速、协调一致。

11. 抱腿勾踢

（1）动作方法：对方使用腿法攻击我时，我利用接腿技术接住对方的进攻腿后，双手用力将腿固定住，双手顺势用力向上猛掀，同时右（左）脚上步，左（右）脚勾踢对方支撑的踝关节，将其摔倒（图 2 - 1 - 107 ~ 110）。

图 2 - 1 - 107

图 2 - 1 - 108

图 2 - 1 - 109

图 2 - 1 - 110

（2）应注意的问题。双手向上掀和勾踢要同时进行，整个动作要连贯迅速，协调一致。

12. 抱腿过背

（1）动作方法：对方用腿攻击我胸部以上时，我用接腿技术接住对方的攻击腿后，收腹、屈膝、弓身，同时右（左）腿向后撤步，将对方左（右）腿抬到我左（右）肩上，动作不停；迅速挺腰发力，将对方向前摔出（图2－1－111～114）。

图2－1－111

图2－1－112

图2－1－113

图2－1－114

（2）应注意的问题。

①用肩顶住对方的膝关节，弓身、收腹、挺腰要一气呵成。

②重心不要后仰，不然自己会失去重心，无法将对方摔倒。

13. 接腿直拳勾踢

（1）动作方法：实战姿势站立（左实战姿势），对方用右腿进攻时，我迅速滑步前移。我用接腿技术接抱住对方膝关节部位，紧接着迅速上前一步，用右手直拳击打对方头部，并用左脚勾踢对方踝关节部位，将对方摔倒（图2－1－115～118）。

图 2－1－115

图 2－1－116

图 2－1－117

图 2－1－118



（2）应注意的问题。

①接腿、上步、直拳、勾踢四个动作一气呵成。

②直拳与勾踢要连贯。

14. 抱腿压摔

（1）动作方法：实战姿势站立（左实战姿势），对方用左腿进攻时，我迅速向前滑步；伸手接抱住对方的攻击腿，两手（左手在下，右手在上）将腿抱紧并固定住。我顺势右腿后撤一步，同时屈膝、弯腰，用左肩下压将对方摔倒（图 2－1－119～122）。

图 2－1－119

图 2－1－120

图 2-1-121

图 2-1-122

（2）应注意的问题。

①左肩向下压时用力要突然。

②肩要压在膝关节部位。

15. 抱腿压颈勾踢

（1）动作方法：对方使用腿法进攻我肋部，我迅速滑步前移，我用接腿技术接腿后，用左（右）臂由外向内固定住对方的小腿；同时用右（左）手按对方颈部；向右（左）下方用力按压，同时左（右）手猛力抬对方的右（左）腿，紧接着用右脚拦踢对方的支撑腿，将其摔倒（图 2-1-123～126）。

图 2-1-123

图 2-1-124

图 2-1-125

图 2-1-126

（2）应注意的问题。上抬腿、按压颈、勾踢腿要连贯。

16. 抱腿打腿

（1）动作方法：实战姿势中，对方用腿攻击我上体时，我用双手抱住对方左（右）小腿；两手一上一下，同时右（左）腿后撤一步，以左（右）腿伸至对方右（左）腿后部，随即向右（左）转身发力的同时，用左（右）腿向后磕打对方支撑腿的膝关节处，将其腾空摔倒（图 2－1－127～130）。

图 2－1－127

图 2－1－128

图 2－1－129

图 2－1－130



（2）应注意的问题。转身打腿的同时，要用左（右）臂抱紧对方膝关节部位，以左（右）大臂发力向右（左）转身。

17. 接腿手别摔

（1）动作方法：实战中，对方用腿攻击我上体时，我抄抱住对方攻击腿的同时，右（左）手屈臂，用肘关节部位夹住对方的膝关节部位，将其腿固定住，迅速屈膝、弓身，左（右）手由对方裆下穿出；用左（右）手扣住对方右膝关节处，随即身体突然右（左）后方转体，右（左）手向后扳拉其膝关节，迫使对方失去重心倒地（图 2－1－131～134）。

图 2-1-131

图 2-1-132

图 2-1-133

图 2-1-134



（2）应注意的问题。左（右）手别、右（左）扳，动作要协调一致，别腿转体与两臂用力要一致。

18. 转身挑腿摔

（1）动作方法：双方在缠抱中，我左手夹住对方右手臂，右臂夹住对方颈部，上体俯身向左转，同时右腿从其左大腿内侧向斜上后方挑（图 2-1-135～138）。

图 2-1-135

图 2-1-136

图 2－1－137

图 2－1－138

（2）应注意的问题。转体的同时上挑。

19. 穿裆靠摔

（1）动作方法：实战中，双方缠抱时，我突然下潜，右腿快速移到对方左腿后面，右手穿裆抱其右腿，上体向后靠倒的同时右腿向前顶（图 2－1－139～142）。

图 2－1－139

图 2－1－140

图 2－1－141

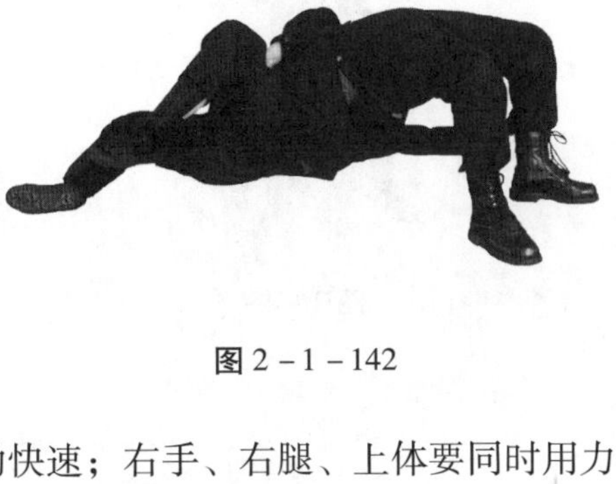

图 2－1－142

（2）应注意的问题。下潜步法移动快速；右手、右腿、上体要同时用力。

# 项目二　组合技术

组合技术是把不同的攻防技术编串起来运用，但这种编串必须建立在正确的单个动作的基础上。在掌握好正确的单个攻防技术之后，更多的是根据实战的需要进行各种不同形式的组合技术训练。组合技术的创编并不是动作越多越好，合理性和实用性最为重要。一般以二至三个动作为宜。我们本着由简到繁，由局部到整体的顺序，根据实际情况自行组合各种技术进行练习。

## 一、拳法组合

1. *左直拳—右直拳*（图 2－2－1～2）

动作要点：动作快速连贯，要有攻防意识，练习时要配合步法移动。

图 2－2－1

图 2－2－2

2. *左摆拳—右摆拳*（图 2－2－3～4）

动作要点：前滑步左手摆拳出击后，迅速改变身体重心，出右摆拳。

图 2－2－3

图 2－2－4

3. *左直拳—右摆拳*（图 2-2-5～6）

动作要点：左直拳出击后迅速收回，蹬地转身出右摆拳。

图 2-2-5

图 2-2-6

4. *左勾拳—右直拳*（图 2-2-7～8）

动作要点：勾拳时要充分借助蹬地挺髋的力量，转腰幅度不宜过大，发力要短促。

图 2-2-7

图 2-2-8

5. *右直拳—左摆拳*（图 2-2-9～10）

动作要点：右直拳动作完成后向前滑步，左摆拳发力要以腰带臂。

图 2-2-9

图 2-2-10

6. 左摆拳—右勾拳（图 2－2－11～12）

动作要点：左摆拳出击后快速向右转体出右勾拳。

图 2－2－11

图 2－2－12

7. 左直拳—右后摆拳（鞭拳）（图 2－2－13～14）

动作要点：击打左直拳的同时，要迅速成右交叉步，快速转身。

图 2－2－13

图 2－2－14

8. 右直拳—左摆拳—右勾拳（图 2－2－15～17）

动作要点：要以腰带臂发力，动作衔接要快。

图 2－2－15

图 2－2－16

图 2－2－17

9. *左直拳—右勾拳—左摆拳*（图 2-2-18~20）

动作要点：出拳动作要连贯有力，力点要准确。

图 2-2-18

图 2-2-19

图 2-2-20

10. *右直拳—左摆拳—右摆拳*（图 2-2-21~23）

动作要点：重心前移，右直拳重击；左摆拳要快打快收，为右摆拳寻找机会；转体出拳要协调一致。

图 2-2-21

图 2-2-22

图 2-2-23

## 二、腿法组合

组合动作，就是由两个或两个以上的进攻技术连接组成的动作。在实战中，单一的动作容易被对手防守住，只有以多种动作全方位立体进攻，最大限度分散对手的防守注意力，才能使对手防不胜防，从而提高击打效果。但组合并不是动作盲目拼凑，而是要根据动作转换衔接的合理性和实战中的需要进行组合。组合动作一般要求做到左右组合、上下组合、直横组合和虚实组合等。

1. 左正蹬腿—右正蹬腿（图 2－2－24～25）

动作要点：两个腿法动作要快蹬、快收，衔接要连贯，双手置于两侧防守。

图 2－2－24

图 2－2－25

2. 左侧踹腿—右正蹬腿（图 2－2－26～27）

动作要点：动作连接要迅速，左踹腿落地后身体重心前移，右蹬腿快速向前蹬出。

图 2－2－26

图 2－2－27

3. 左正蹬腿—右鞭腿（图 2－2－28～29）

动作要点：蹬腿落地后身体向左侧转体，随即右鞭腿快速击出。

图 2－2－28

图 2－2－29

4. *左低鞭腿—左侧踹腿*（图 2－2－30～31）

动作要点：左鞭腿击打后，不落地直接收膝，借助右腿蹬地的力量左腿侧踹向前踹出，要注意身体的重心。

图 2－2－30

图 2－2－31

5. *右正蹬腿—左高鞭腿*（图 2－2－32～33）

动作要点：右正蹬腿击打后，身体快速转 180°，并用左高鞭腿击向头部。

图 2－2－32

图 2－2－33

6. *左低鞭腿—右高鞭腿—左正蹬腿*（图 2－2－34～36）

动作要点：三个腿法动作衔接要快，力点要准确。

图 2－2－34

图 2－2－35

图 2－2－36

7．左侧踹腿—右低鞭腿—左高鞭腿（图 2－2－37～39）

动作要点：击打点中、下、上，让对手难以防守。

图 2－2－37

图 2－2－38

图 2－2－39

8．左低鞭腿—左侧踹腿—右正蹬腿（图 2－2－40～42）

动作要点：左鞭腿击打后，右腿顺势向前垫步，左腿侧踹向前踹出后落地，右腿直蹬对方胸部，动作要协调连贯。

图 2－2－40

图 2－2－41

图 2－2－42

## 三、肘法组合

肘可以单击，也可连击，肘最适合近距离使用，击打力度大、杀伤力强，可以用假动作、滑步、抢攻、反击等方法接近对方，突然用肘击打。

1．左盘肘—右盘肘（图 2－2－43～44）

动作要点：右脚上步的同时左肘出击，右脚快速蹬地、转腰、转肩，向左前横击。

图 2－2－43

图 2－2－44

2. 左盘肘—右挑肘（图 2－2－45～46）

动作要点：跨步快，盘肘猛，蹬地、挺腰同时进行。

图 2－2－45

图 2－2－46

3. 左顶肘—右盘肘（图 2－2－47～48）

动作要点：滑步左肘顶出后，右脚蹬地、身体快速左转的同时右肘向左前横向击出。

图 2－2－47

图 2－2－48

4. *右盘肘—左挑肘*（图 2 –2 –49 ~50）

动作要点：快速垫步蹬地、转腰、转肩出右肘，稍沉左肩，两腿蹬地挑肘。

图 2 –2 –49

图 2 –2 –50

5. *左盘肘—右砸肘*（图 2 –2 –51 ~52）

动作要点：左肘击出后，同时屈膝、重心下降，右肘尖向下垂直砸下。

图 2 –2 –51

图 2 –2 –52

6. *左盘肘—右砸肘—右挑肘*（图 2 –2 –53 ~55）

动作要点：注意身体重心在砸肘的下压及挑肘挺腰时的转换。

图 2 –2 –53

图 2 –2 –54

图 2 –2 –55

7．右顶肘—左盘肘—右盘肘（图 2－2－56～58）

动作要点：动作要紧凑连贯，身体重心不可上下起伏。

图 2－2－56

图 2－2－57

图 2－2－58

8．右盘肘—左挑肘—左砸肘（图 2－2－59～61）

动作要点：动作要协调，身体重心转换要快。

图 2－2－59

图 2－2－60

图 2－2－61

## 四、膝法组合

膝法有效的利用，在于能够连环使用，如能连续击中对方胸部、腹部，则对方的战斗力会大减，甚至失去战斗能力。

1．左顶膝—右斜顶膝（图 2－2－62～63）

动作要点：左膝攻击身体正面，右膝击打侧面。

图 2－2－62

图 2－2－63

2. 左斜顶膝—右拐膝（图 2－2－64～65）

动作要点：左斜顶对方肋部后迅速落地，重心移至左腿。

图 2－2－64

图 2－2－65

3. 右撞膝—左撞膝（图 2－2－66～67）

动作要点：控制好重心向前、向右的转换。

图 2－2－66

图 2－2－67

4. 腾空左顶膝—右斜顶膝（图 2-2-68～69）

动作要点：跳起挺膝，直撞对方头部，落地迅速调整重心，右膝出击。

图 2-2-68

图 2-2-69

5. 右顶膝—左横撞膝（图 2-2-70～71）

动作要点：右膝进攻后，左膝上抬，由左向右撞击。

图 2-2-70

图 2-2-71

6. 左顶膝—右顶膝—右顶膝（图 2-2-72～74）

动作要点：呼气发力，力达膝尖，右膝连续出击。

图 2-2-72

图 2-2-73

图 2-2-74

7. *右顶膝—左斜顶膝—左斜顶膝*（图 2 - 2 - 75 ~ 77）

动作要点：出击时注意重心的快速移动。

图 2 - 2 - 75

图 2 - 2 - 76

图 2 - 2 - 77

8. *右横撞膝—左顶膝—右顶膝*（图 2 - 2 - 78 ~ 80）

动作要点：动作之间相互配合，协调一致。

图 2 - 2 - 78

图 2 - 2 - 79

图 2 - 2 - 80

## 五、拳、腿、肘、膝、摔的综合组合

在实战中，不论使用任何技法，只要它们之间相互配合，形成立体多点打击，不给对手反击的机会，就能取得更好的效果。比如远距离多用假动作和腿，中距离多用拳、膝，近距离多用肘、摔。在实战中，要根据对手的情况而随机应变。

1. *左右直拳接右鞭腿*（图 2 - 2 - 81 ~ 83）

动作要点：直拳击头，用鞭腿踢对方腹部。

图 2－2－81

图 2－2－82

图 2－2－83

2. 左正蹬腿接右直拳、左斜顶膝（图 2－2－84～86）

动作要点：蹬腿蹬腹部，直拳击头，膝顶胸部。

图 2－2－84

图 2－2－85

图 2－2－86

3. 左直拳、右盘肘接左撞膝（图 2－2－87～89）

动作要点：拳、肘击头，膝撞腹部。

图 2－2－87

图 2－2－88

图 2－2－89

4. 左踹腿、右直拳接右横撞膝（图 2－2－90～92）

动作要点：左正蹬腿蹬胸部，直拳击头，膝撞腹部。

图 2－2－90

图 2－2－91

图 2－2－92

5. 右鞭腿、左正蹬腿接右鞭腿（图 2－2－93～95）

动作要点：右鞭腿踢头，左正蹬腿蹬腹部，右鞭腿再踢头。

图 2－2－93

图 2－2－94

图 2－2－95

6. 左直拳接下潜抱腿前顶摔（图 2－2－96～97）

动作要点：左直拳虚晃，下潜抱双腿向前顶摔。

图 2－2－96

图 2－2－97

7. 左直拳、右摆拳下潜抱单腿过肩摔（图 2－2－98～100）

动作要点：左右拳击头部，贴身下潜、抱单腿将对方从肩上向后扔出。

图 2－2－98

图 2－2－99

图 2－2－100

8. 左小鞭腿、右直拳接右横撞膝（图 2－2－101～103）

动作要点：左鞭腿踢大腿，直拳击头，膝顶肋部。

图 2－2－101

图 2－2－102

图 2－2－103

9. 左直拳、左侧踹腿接右鞭腿（图 2－2－104～106）

动作要点：拳击头部，腿踹胸部，右鞭腿直踢腹部。

图 2－2－104

图 2－2－105

图 2－2－106

10. *右正蹬腿、左鞭腿接左右摆拳，转身挑勾摔*（图 2 - 2 - 107 ~ 111）

动作要点：腿蹬腹部，鞭腿踢大腿，打完左摆拳后，右摆拳出击不收回，顺势夹住颈部，转身挑勾将对方摔倒。

图 2 - 2 - 107

图 2 - 2 - 108

图 2 - 2 - 109

图 2 - 2 - 110

图 2 - 2 - 111

## 项目三　应用技术

### 一、主动进攻技术

主动进攻技术是指主动向对方发起进攻的战术技术；是实战双方处在无效距离的对峙中，一方根据实战情况突然通过步法快速地移动，抢占有效的距离后发起的攻击方法。主要用于两种情况：

第一，根据强攻、抢攻的战术，出其不意，攻其不备，直取空当，在精神气势和动作气势上压倒对方。

第二，针对防守严密、沉着应战、反应较快的对手而采用的战术打法，做到指上打下，声东击西、以假乱真，达到进攻的目的。

但无论是强攻、抢攻，还是巧攻，都是进攻型技术中既有区别又统一的整体。主动进攻并不是猛冲蛮打，不顾防守只顾进攻。主动进攻也要看清形势，仔细观察对手的技术特点，所以在实战中只有做到“虚虚实实、真真假假”，才能随机应付复杂多变的战况，从而取得胜利。当然，进攻技术不能局限于以下介绍的这些。也可根据自己的身体特点和练习习惯来组编，这样既有利于全面、系统地运用技术，也有利于形成自己独特的打法，以便掌握。

**（一）主动进攻动作**

进攻要根据实战情况来使用技法，有效地打击对方。主要包括以下几个方面（以左架姿势为例）：

1. *左直拳*

双方由实战姿势开始，一方快速前滑步，前直拳直接击打对方头部。

要求：拳到步到。

2. *左小鞭腿*

双方由实战姿势开始，一方快速垫步以左小鞭腿击打对方大腿。

要求：出击突然，击打要准。

3. *左踹腿*

双方由实战姿势开始，一方以左踹腿直接踹击对方胸部。

要求：出其不意，动作要快。

4. *左盘肘—右盘肘*

双方由实战姿势开始，一方快速前滑步近身，突发左、右盘肘击打对方面部。

要求：滑步快速，出击果断。

5. *腾空左顶膝*

双方由实战预备势开始，两脚蹬地、身体腾空，在空中做左顶膝动作，直击对方头部。

要求：启动突然，顶膝要快速。

6. *左直拳—左踹腿*

双方由实战姿势开始，一方滑步以左直拳击打对方头部，随后提膝倒体以左踹腿踹对方腹部。

要求：出拳要快，拳、腿衔接要协调。拳打是虚，脚踹是实。

7. *左直拳—右踹腿*

双方由实战姿势开始，一方快速垫步，以左直拳击打对方头部，随后直接以右腿踹对方腹部。

要求：出拳要快，右踹腿可以向前，也可以向身体右侧踹击，以防对方后退改变路线。

8. *左直拳—右鞭腿*

双方以实战姿势开始，一方垫步以左直拳击打对方头部，随后直接以右鞭腿击打对方腹部或胸部。

要求：出拳要快，先用步法逼迫对方，然后用直拳和鞭腿进攻。

9. *左踹腿—右直拳*

双方以实战姿势开始，一方带步以左踹腿击打对方腹部，随后直接以右直拳击打对方头部。

要求：出腿要快，在左脚落地的同时出拳。

10. *左小鞭腿—右正蹬腿*

双方以实战姿势开始，一方滑步以左小鞭腿击打对方大腿；随后左脚落地，直接以右正蹬腿击打对方腹部或胸部。

要求：小鞭腿击打后，身体重心快速移向左腿，以便启动右蹬腿。

11. *左踹腿—右直拳—右鞭腿*

双方以实战姿势开始，一方垫步以左踹腿击打对方腹部，随后直接以右直拳击打对方头部，然后以右鞭腿击打对方腹部。

要求：出腿要快，落脚和出拳要同时，右直拳主要为启动右鞭腿作掩护。

12. *左踹腿—左右直拳—右正蹬腿*

双方以实战姿势开始，一方垫步以左踹腿击打对方腹部，随后直接以左右直拳击打对方头部，然后以右正蹬腿击打对方腹部或胸部。

要求：出腿要快，左右直拳无论是否击中目标，主要起到逼压的作用，以便启动右正蹬腿。

13. *左踹腿—右直拳—左踹腿*

双方以实战姿势开始，一方滑步以左踹腿击打对方腹部，随后以右直拳击打对方头部，然后再以左踹腿击打对方胸部。

要求：出腿要快，右直拳要准、狠；出拳后重心迅速向右转移，以便启动左踹腿。

14. *左小鞭腿—左右直拳—左踹腿*

双方以实战姿势开始，一方垫步以左小鞭腿击打对方腿部，随后直接以左右直拳击打对方头部，然后侧身以左踹腿击打对方腹部或胸部。

要求：前3个进攻动作主要是打点，力度不一定很大，主要攻击是以左踹腿击打对方。



15. *左小鞭腿—左直拳—右鞭腿*

双方以实战姿势开始，一方垫步以左小鞭腿击打对方腿部，随后直接以左直拳击打对方头部，随即以右鞭腿击打对方腹部。

要求：出拳时重心要转移到左腿，以便右鞭腿启动。

16. *左小鞭腿—右摆拳—右踹腿*

双方以实战姿势开始，一方滑步以左小鞭腿击打对方腿部，随后直接以右摆拳击打对方头部，随即转身以右踹腿击打对方胸部。

要求：出摆拳时重心要落在左腿上，右踹腿可以向正前方或向身体右侧进攻。

17. *左小鞭腿—右直拳—左踹腿*

双方以实战姿势开始，一方滑步以左小鞭腿击打对方腿部，随后直接以右直拳击打对方面部，随即倒体以左踹腿击打对方胸部。

要求：出右直拳时重心转移到左腿，出左踹腿、重心转移到右腿时衔接要快。

18. *左直拳—抱腿前顶摔*

双方以实战姿势开始，一方疾步以左直拳击打对方面部，随后进步抱住对方双腿，以抱腿前顶摔法将对方摔倒。

要求：出拳要快，进步抱腿时，身体下潜要迅速。

19. *左直拳—过背摔*

双方以实战姿势开始，一方疾步以左直拳击打对方面部，随后上右步，右臂抱住对方腰部，以抱腰过背摔法将对方摔倒。

要求：上步要快，步伐要大，上右步与抱腰要同时。

以上进攻的动作主要用于强攻或抢攻的战术，要出其不意，攻其不备，直取空当，在精神气势和动作气势上压倒对方。

20．左晃—右直拳

双方以实战姿势开始，一方进步以左直拳虚晃击打对方面部，随后以右直拳击打打对方腹部。

要求：虚晃击打动作逼真轻快，出右手直拳要果断。

21．左晃—左蹬腿

双方以实战姿势开始，一方以左直拳虚晃击打对方面部，随后滑步以左腿蹬击打对方腹部。

要求：虚晃要逼真，蹬腿要迅速有力。

22．左晃—右鞭拳

双方以实战姿势开始，一方以左直拳虚晃击打对方面部，随后插步转身以右鞭拳击打对方头部、面部。

要求：应调整角度逼迫对方向身体左侧移动，这样在左晃完成后，便于以右鞭拳进攻。

23．假动作—左踹腿

双方以实战姿势开始，一方滑步以左腿虚晃对方腿部，随后垫步以左踹腿击打对方胸部、头部。

要求：假动作要逼真、踹腿击打有力。

24．假动作—右勾踢

双方以实战姿势开始，假动作以左直拳虚晃击打对方面部，随后向左跨一步，右腿勾踢对方前小腿。

要求：向左跨步要迅速，右腿勾踢要有力。

25．虚晃—腾空左顶膝

双方以实战姿势开始，用假动作骗过对方后，突然腾空以左膝直顶对方头部。

要求：腾空要突然，顶膝要快速，下落要轻。

26．虚晃—右斜顶膝

双方以实战姿势开始，用假动作骗过对方后，快速滑步贴近对方，以右膝直顶对方胸部。

要求：虚晃要逼真，滑步要突然。

以上进攻动作主要是针对防守严密、沉着应战、反应较快的对手而采用的战术打法，要做到指上打下、声东击西、以假乱真，达到转移进攻的目的，肘和膝在中近距离才能发挥它的威力，实战中一般不用于直接进攻动作。

**（二）进攻练习**

1．喂引练习

学生根据教员发出的口令或所举的手势，练习进攻动作，主要强调动作的突发性和动作之间运用时的协调性。指定身材、体重相近的双方互相喂靶，进攻动作要求由简到繁，由易到难，练习时重点掌握进攻的距离、时机和角度的准确性。进攻动作可以指定，也可以让喂靶一方随意支喂。

2. 条件实战练习

配对双方根据教员指定的进攻动作或随意的进攻动作，定时进行练习，要求进攻的动作由简到繁、由易到难，力量要由轻到重。在这种条件实战中训练距离感、时间感和进攻时对时机的把握。指定一方进攻，另一方防守，在此情况下击中目标的可能性相对要少，所以练习时教员除在旁指导指示外，还要鼓励学生建立自信心，不要气馁。

## 二、搏击的防守技术和练习

### （一）防守动作

防守动作是根据对方使用的技术动作，来破坏对方进攻的手段。防守技术是搏击的重要组成部分，有进攻，就有防守。在实战中，要善于防守，有效地保护自身，这样才能立于不败之地。防守的目的不只是避免被对手击中，而且是为下一次的进攻创造条件。防守动作主要有以下几个方面：

1. 拍挡

由实战姿势开始，右（左）手由外向内或由内向外横挡，同时上体微右（左）转；完成动作后成实战姿势（图 2－3－1～2）。

图 2－3－1

图 2－3－2

用法：当对方用左直拳进攻时，我用右手拍挡防守（改变力的方向）；当对方使用右直拳进攻时，我用左手拍挡防守。

2. 架挡

由实战姿势开始，左手向上抬肘，前臂和上臂贴近头的一侧，含胸收腹，完成动作后成实战姿势。右手和左手方法一样，但方向相反（图 2－3－3～4）。

图2－3－3

图2－3－4

用法：当对方使用后摆拳或后鞭腿进攻我头部时，我用架挡技术防守。

3. 拍压

由实战姿势开始，双手由拳变为掌，用掌心或掌跟向下拍压，同时上体微右转；完成动作后成实战姿势（图2－3－5）。

用法：当对方使用侧踹腿或正蹬腿进攻我躯干以上部位时，我用双手拍压防守。

4. 掩肘

由实战姿势开始，双臂回收贴紧身体，大臂紧贴肋部，小臂护住胸部，双手护头，同时收腹；完成动作后成实战姿势（图2－3－6）。

图2－3－5

图2－3－6

用法：当对方使用后勾拳、膝进攻我腹部时，则用掩肘防守。

5. 外抄抱腿

由实战姿势开始，左手臂外旋弯曲，大臂紧贴肋部，前臂稍向下，掌心向右下，右手掌置于下颌外侧，掌心向左，肘部下垂自然贴在右肋处，左手下右手上，在身体左侧形成合抱的同时，上体微向左转；完成动作后成实战姿势（图2－3－7）。

用法：当对方使用右鞭腿或转身后摆腿进攻我躯干和头部时，我用外抄抱腿防守或抄抱之。

6. 内抄抱腿

由实战姿势开始，左手臂向前稍向内弯曲，大臂紧贴肋部，前臂稍向下，掌心向右下，右手掌置于下颌外侧，掌心向左，肘部下垂自然贴在右肋处，左手下右手上，在胸前形成合抱的同时，上体微向右转，完成动作后成实战姿势（图2－3－8）。

用法：当对方使用左鞭腿、右正蹬腿或转身后摆腿进攻我躯干和头部时，我用内抄抱腿防守或抄抱之。

7. 外格挡

由实战姿势开始，左手和小臂由上向下、向外拨挡，同时上体微左转，完成动作后成实战姿势。右手的方法一样，方向相反（图2－3－9）。

图2－3－7

图2－3－8

图2－3－9

用法：当对方使用前正蹬、前侧踹或后鞭腿进攻我腹部时，我可用外格挡防守。



8. 内格挡

由实战姿势开始，左手和手臂由上向下、向内拨挡，同时上体微右转，完成动作后成实战姿势。右手的方法一样，方向相反（图2－3－10）。

用法：当对方使用正蹬、侧踹或后鞭腿进攻我腹部时，我可用内格挡防守。

9. 撤步

由实战姿势开始，左脚由前向后退一大步，同时身体左转180°，完成动作后成实战姿势（图2－3－11）。

图2－3－10

图2－3－11

用法：当对方使用任何拳法、腿法、肘法、膝法进攻我任何部位时，都可以用撤步进行防守。

10. 下潜

由实战姿势开始，两腿突然屈膝下蹲、沉胯、哈腰；完成动作后成实战姿势（图2－3－12）。

用法：当对方使用拳法进攻我头部时，我可用下潜方法。

11. 提膝

由实战姿势开始，重心移至右腿，同时左腿屈膝提起（图2－3－13）。

图2－3－12

图2－3－13

用法：当对方使用腿法击打我躯干以下部位或用扫蹚腿进攻我下盘时，可用提膝防守。

12. 阻挡

由实战姿势开始，重心移至右腿，同时出击正蹬或侧踹腿（图2－3－14～15）。

图2－3－14

图2－3－15

用法：当对方启动动作向我进攻时，我可用前正蹬或侧踹阻挡。

**（二）防守练习**

1. 信号练习

学生按照教员指定的防守动作听口令进行练习，从中体会动作的要领，掌握动作的方法。在此基础上，学生根据教员发出的搏击动作或手势做相应的防守动作，达到快速反应、正确掌握动作的目的。

2. 喂引练习

学生首先根据教员发出的单一的拳、腿、肘和膝的进攻动作，做非接触性的防守动作反应，达到有攻有防的练习目的。然后教员将身材、体重相近的学生配对，让一方按指定动作进攻，另一方练习接触性防守动作，由简到繁，使学生在条件实战中掌握动作的方法，达到防守准确、运用自如的目的。

3. 靠臂练习

对练双方相对约一步距离，开步站立，两手握拳；第一靠：双方同时左转体，右臂向前摆，相磕于腹前；第二靠：双方同时屈右臂外旋，由下向上，相磕于胸前；第三靠：双方同时伸右臂内旋，由上而下，相磕于腹前。然后换左臂依次练习，此练习用于增强小臂的格挡和抗击打能力。

## 三、搏击的防守反击技术和练习

### （一）防守反击动作

防守反击技术是搏击主要技术中的一种，是在掌握了进攻技术和防守技术的基础上进行的，在防守的同时还不失时机地反击对方，防守反击的目的是既保护自己，又可以更有利进攻对方。

1. 拍挡斜顶膝反击

由实战姿势开始，当对方使用右腿进攻时，我以左手拍挡后，快速向前滑步，随后以右斜顶膝反击对方腹部或胸部。对方若以前腿进攻，我防守后，以左斜顶膝反击对方腹部或胸部。

要求：步法移动要灵活，距离调整要合适，便于反击及时、准确。

2. 架挡盘肘反击

由实战姿势开始，当对方使用拳法进攻时，我以架挡防守，随后以盘肘反击对方面部。

要求：防守迅速，反击要连贯有力。

3. 内格挡直拳反击

由实战姿势开始，当对方使用后正蹬腿进攻时，我以左内格挡技术防守，随后垫步以右直拳击打对方头部。

要求：步法移动要灵活，距离调整要合适，防守要有力，反击要快。

4. 外格挡右顶膝反击

由实战姿势开始，当对方使用后鞭腿进攻时，我以外格挡技术防守，随后滑步以右顶膝反击。

要求：格挡有力，反击要迅速。

5. 外抄抱腿直拳勾踢反击

由实战姿势开始，当对方使用后鞭腿进攻时，我向前滑步，上体微向左转，在身体左侧使用外抄抱腿技术将其腿抱住，紧接着迅速上前一步用右手直拳击打对方头部，并用左脚勾踢对方踝关节部位将对方摔倒。

要求：滑步、接腿、直拳、勾踢动作要连贯有力。

6. 内抄抱腿涮腿摔反击

由实战姿势开始，当对方使用前鞭腿进攻时，我上体微向右转，在胸前使用内抄抱腿技术将其腿抱住，以涮腿摔技术将对方摔倒。

要求：固定住腿，改变方向要突然。

7. 外格挡鞭腿反击

由实战姿势开始，当对方使用后腿进攻时，我以外格挡技术防守，随后以鞭腿反击。

要求：格挡的同时身体重心移到左腿上，便于启动右鞭腿。

8. 提膝前鞭腿反击

由实战姿势开始，当对方使用鞭腿进攻时，我以提膝技术防守，随后向前滑步以前鞭腿反击。

要求：提膝要及时，反击要快速。

9. 撤步踹腿反击

由实战姿势开始，当对方使用侧踹腿进攻时，我撤步防守，随后垫步以前侧踹腿反击。

要求：抓住腿落地的时间差，进行反击。

10. 阻挡后直拳反击

由实战姿势开始，当对方使用肘法或膝法进攻时，我用阻挡技术防守，随后以后直拳反击。

要求：阻挡判断要准确，反击果断。

以上介绍的防守反击动作，只是供学生了解和掌握防守反击技术的部分打法。在练习和实战中，可以根据双方的不同情况，以合理多变的技术动作进行反击。另外，防守后的反击动作可以是单一动作，也可以是组合动作。对于组合动作的反击，这里就不再介绍了，因为在掌握以上技术的基础上，完全可以依势依时、大胆灵活地运用各种组合。

### （二）防守反击练习

1. 信号练习

教员向学生发出口令、术语或进攻的具体动作信号，让学生做出相应的防守反击动作，使学生初步建立防守后的反击意识，同时提高防守与反击动作间的协调性和连贯性。

2. 喂引练习

学生按教员指定的配对或自由配对进行对练。一方进攻，另一方防守反击，定时、定量练习。要求进攻一方的动作由简到繁，速度由慢到快，力量由轻到重，形式由规定到随意逐步提高难度，以达到双方正确掌握技术和防止受伤的目的。

## 四、搏击的阻击技术和练习

### （一）阻击动作

阻击技术，是根据实战情况使用的既能阻止对方进攻又能反击对方的手段。那么运用什么动作、在什么情况下运用才能达到阻击的目的呢？在多年的实战、训练、教学工作和在对比赛的观察与统计中发现，无论正架还是反架，前侧踹腿和前正蹬腿最符合阻击动作的要求。因为前侧踹腿和前正蹬腿的力量大，隐蔽性强，与对手的距离较近，而且当对手开始进攻时，我抬腿出击与对方形成迎击力，因此打击对方的力度更大。所以下面只介绍前侧踹腿和前正蹬腿阻击的用法，并将在以下练习方法中详解。

**（二）阻击练习**

1. 信号练习

学生原地站立，根据教员做出的进攻动作，可直接出前侧踹腿或前正蹬腿。要求出腿要在对方启动时击出，尽可能比对方早完成动作（后发先至）。这种训练主要用于提高快速启动和快速反应能力。在移动时重心要稍稍压在支撑腿上，这样更便于出击侧踹腿、正蹬腿。

2. 喂引练习

学生按教员指定的配对或自由配对进行对练，一方前进喂靶，另一方后退踹靶或蹬靶，定时、定量练习。要求喂靶者紧逼，踹靶或蹬靶者击打点准确，强调踹靶或蹬靶的一方在踹靶或蹬靶时要与步法配合协调、连贯。培养边退边踹或边蹬的意识和反应能力。

在以上练习的基础上，教员应要求学生的阻击动作多些变化，这样能更有实效地打击对方。

3. 实战指导

在实战中，要让学生清楚阻击技术主要针对猛冲猛打型或主动进攻的对手。如果对方采取防守反击战术，可以运用假动作，或露出空当引诱对方出击，然后阻击对方。另外，学生在开始使用阻击技术时，不易冷静、果断、大胆，这时教员要及时提示和指导。

单元三

# 搏击技能的训练方法和练习形式

## 项目一　搏击技能练习的训练方法

### 一、搏击练习的步骤

搏击运动对抗激烈，在学习过程中，除了要具备良好的身体素质（力量、速度、耐力、柔韧、灵敏）和心理素质外，还要遵循“学会动作”、“喂引动作”、“实战运用”三个步骤进行。只有循序渐进、由浅入深，持之以恒、刻苦磨炼，才能合理、有效地运用自身的身体能力击中、击倒或摔倒对方。

1. 学会动作

首先，根据动作的文字说明、图解或通过教员的示范和讲解，了解和掌握动作的结构、规格要求、运行路线和攻防用法，建立正确的技术动作概念；了解和明确动作的关键环节及要点。其次，思维活动和身体运动紧密结合，反复练习和实践，通过肌肉的本体感觉认真体会动作要领，避免出现和不断地纠正错误动作，逐渐加深对动作的理解，进而正确、熟练地掌握动作。

（1）看图自学法。

对于许多搏击爱好者来说，在没有专门教员指导的情况下，可通过看图或看光碟来进行自学自练。练习者首先要学会看图的方法，弄清动作的方向、路线和具体的做法以及要领、要求，才能学会和掌握正确的技术动作。

①动作方向。图解中的动作方向，是以图中人的躯干姿势为准，并且随着躯干姿势所处的位置变化而变化。图中人的胸前为前，胸后为后，左侧为左，右侧为右。此外，还有左前、左后、右前、右后。转体时，则以转后的胸前为前，胸后为后，依此类推。

②动作路线。图中如用实线（→）或虚线（------>），则表示该部位下一动作行进的路线。箭尾为起点，箭头为方向。实线表示即将发出的动作的路线，虚线则为连接上一个动作的动作路线。

③要点说明。在每一个动作后面附有“要点”、“技术分析”之类的说明，目的是为了提示该动作的要领、运用方法及做动作时要达到的标准，学习者必须认真阅读并反复体会。例如“左直拳”的右脚蹬地，身体重心移至左脚，髋关节带动肩向右旋转，转体送左肩。动作要领，只看图示不易掌握，将文字说明和图示结合起来，则利于正

确掌握该动作。

④攻防图示。攻防图示是指两个人进行练习或搏斗的示意图。首先要分清进攻的一方和防守的一方，再详细阅读文字说明。最好能和同伴配合练习，边看图解边模仿动作，相互提示，共同探讨。首先要明确动作的攻防含义和目的作用，再由慢到快、由轻到重反复练习，直至熟练掌握。

（2）跟教员学习方法。

跟教员学习，能直观地看到该技术动作的完整示范，有利于在脑海里形成正确的技术动作概念；教员对技术重点、难点及攻防作用的讲解，则有利于学习者快速、准确地学会和掌握正确的技术动作及实战用法。在学习的进度、内容及方法、手段的安排上亦能循序渐进，有利于学生更快地掌握散打技术。

2．喂引动作

喂，就是让同伴做假设性对手，根据练习者练习动作的需要来喂递动作。如练习接鞭腿摔动作，同伴用指定的鞭腿（左腿或右腿）由慢速逐渐过渡到快速出腿，练习者则反复不断地做接腿摔练习，体会和熟练掌握动作运用的要点、时机和技巧，从而强化该动作运用的准确性和实用性。引，就是让同伴有意制造各种各样的空当，引发练习者捕捉战机，运用所学的动作进行攻击或反击。如让同伴做各种腿法进攻，乘其用腿法进攻后收腿落地的空当迅速反击，以及强化各种技术动作的运用时机和击打技巧。通过喂引练习，能有效地把已学的动作招式变成实用技术方法，最后逐步达到运用自如的水平，这是学练搏击的重要环节。

3．实战运用

学练技术动作的最终目的就是在实战格斗中运用它。通过“喂引”，学生基本掌握和熟练掌握了动作的运用方法后，即可进行实战练习。练习者通过实战来检验和提高技术动作运用的合理性和实效性。

在实战练习时，练习者要明确实战的目的。如安排的是练习性实战，则应以练习为主要目的，要求学生不可计较胜负，把意识和精力放在技术动作的运用和实施上，强调大胆运用和发挥技术，检验技术动作临场的效果。如安排的是竞赛性实战，其主要目的是获胜，这就要求学生努力拼搏、勇猛顽强，在每一个回合的较量中力求不失分，以此来促进其熟练掌握技术动作的实用技巧，并灵活运用到实战中去。实战练习，对于学生技术动作的要求和技艺的提高以及经验的积累都是大有裨益的。

## 二、搏击练习的要求和注意事项

1．提倡武德修养，明确锻炼目的

讲究武德是中华民族的优良传统，也是搏击练习者要遵守的，无论学习什么技艺都要有道德修养。切不可以武力恃强凌弱，打架斗殴，违反社会公德，扰乱社会治安。学练搏击不仅是锻炼体魄、增进健康、防身自卫的有效方法，而且还是陶冶情操，培养道德修养和意志品质的良好手段，同时，学习搏击的过程也是一个人格塑造的过程。

2．持之以恒，常练不懈

“宝剑锋从磨砺出，梅花香自苦寒来。”功夫来自于勤奋，学练搏击需要具备持之以恒的精神和坚忍不拔的毅力。搏击是一项既艰苦又难练的运动项目，练习者在长期艰苦的磨炼中，不可避免地会遇到各种各样的困难，如练习技术时的单调和枯燥，练习攻防对抗时身体的伤痛等。因此，只有具备吃苦耐劳的优良品质和持之以恒、常练不懈的学习态度，并且善于、勤于研究，才能不断进步，学有所成。

3. 从易到难，循序渐进

搏击技术的学习要从易到难，由简到繁，遵循动作技能形成的一般规律。从基本技术动作着手，在较熟练地掌握基本技术动作后，再进行组合连击、攻防、实战练习，逐步提高和增加难度，直至娴熟地掌握并形成比赛技巧。练习者不可急于求成，必须循序渐进，科学地进行锻炼，否则不但学不好技术，也容易出现伤害事故。

4. 想练结合，力求动作准确

掌握一个正确的动作，要经过反复练习。及时纠正错误动作，不断改进和巩固技术动作，才能形成正确技术动作的动力定型。练习者在练习时要想练结合，时刻检查自己的动作是否符合动作规范和要领要求，做到精益求精，一丝不苟。否则一旦形成了定型的错误动作，再想改进和提高技术是非常困难的。因此，练习者在技术练习时必须严格要求自己，努力提高练习的质量，力求准确地掌握正确的技术动作。

5. 技术切合实际，从实战出发

搏击运动本身就是对抗性的格斗项目。因此，在练习过程中，对每一个基本动作、基本技术的练习，都要从实战的需要出发去考虑，必须切合实际，符合防身、比赛、制服罪犯的要求。各种攻防动作都要朴实、简练，讲究实效，有明确的目的性，要反对华而不实的技法。另外，还要考虑个人的特点，精练几种重点技术动作，以利于发挥特长，形成技术风格及独特“绝招”。

6. 注意安全，预防伤害事故

搏击运动具有剧烈对抗的特点，对抗时稍有不慎，即会发生伤害事故。因此，无论是在平时的技术、战术练习或是在实战比赛中，都要有安全意识，防患于未然，预防伤害事故的发生。因此，课前或赛前要认真做好准备活动，充分活动各有关关节、韧带；实战时配对要合理；场地、服装、护具要符合规定和要求，最大限度地减少或避免伤害事故的发生。



## 三、搏击技术训练的方法和手段

技术训练是搏击训练的核心内容，技术训练的目的是使学生熟练地掌握技术动作并能在实战中灵活自如地运用。

1. 原地规范动作练习

(1) 原地规范动作练习。通过教员的讲解示范或学生自学后，采用慢速度的原地模仿练习。

①动作要求。认真体会和揣摩动作的路线、要求、要领和身体姿势，单个动作反复进行练习，不要求快速及过度用力，对复杂动作可分解练习，由慢到快，逐渐掌握动作的正确方法，不断提高动作质量，最后成为动力定型。

②练习范例。学习正蹬腿技术，应分为“移重心”、“提膝”、“送髋”、“蹬击”四个环节进行，基本掌握四个环节后再进行完整的正蹬腿技术练习。要充分利用肌肉本体感觉，体会技术动作的用力顺序，提高全身协同配合能力。采用重复练习法，面对镜子或在同伴帮助下，边练习边检查，不断强化和巩固该动作，直至学会和掌握正确的技术动作。

2. 结合步法的动作练习

学生经过原地练习基本上掌握了动作规范后，根据实战的需要结合相应的步法进行练习，熟练地掌握在进、退中有效地运用技术的能力，使技术与实战紧密结合。

（1）动作要求。全身上下要协调配合，攻防意识要强烈，练习内容可分为单个动作练习和组合连击动作练习，教学训练方法可采用重复及变化练习法。

（2）练习范例。练习前鞭腿技术，可结合进步、滑步、垫步及退步、闪步等多种步法练习，练习时不仅要求腿、步协调一致，而且要追求鞭腿攻击距离及击点的灵活变化。熟练掌握该技术后，即可增加运动量。如练习5~8组，每组练习2分钟，组间休息30秒至1分钟。

3. 空击练习

可根据学生所掌握的技术情况进行练习。①单个动作练习，针对某一个技术动作反复练习。②指定组合动作练习，由教员指定几个技术动作组合在一起反复练习或自己组合动作练习。

通过假设对手的攻防动作或所处状态，而进行相应的进攻或防守反击的练习。做假设性徒手练习或对镜子练习，不仅能有效地提高和巩固掌握技术的熟练程度，更可以提高随机出招攻击或反击的能动性，而且能使学生熟练掌握搏击技术运用的规律，提高技术运用水平。

（1）动作要求。在练习时要求学生具有实战意识，脑海里时刻有一个假想的对手，并根据与对手的距离变化及其身体姿势、防守体系等发出行之有效的攻击，以及能根据假想对手的攻击动作随机采用“相克”打法反击。练习的内容主要是主动进攻和防守反击。

（2）练习范例。如在移动中听到“开始”口令后进行2分钟的主动进攻练习或防守反击练习，每次练习5~8组，组间休息1分钟。要求实战意识强，能用多种技术方法发起攻击；攻击到位快而且有一定的攻击力度。

4. 不接触式的攻防练习

学习和掌握攻防技术的目的，是在实战中运用。为此，练习者在联系和掌握技术的过程中，必须从对抗性这一特点出发。

（1）不接触的攻防练习。不接触的攻防练习，是两人一组在一定的距离下进行的进攻、防守与反击的技术练习，目的是改进与巩固技术动作，熟练技术方法的实战运用以及消除学生的恐惧心理。练习顺序由简到繁、由易到难，由慢到快、由轻到重。

①动作要求。学生之间的距离要适当，精力要集中，攻与防交替进行，并具有实战意识。

②练习范例。开始可只做单一动作的进攻、防守或反击，逐渐过渡到组合连击的攻防练习。

（2）条件攻防练习。条件攻防练习是一种有条件限制的进攻、防守与反击的练习方法。其目的是提高练习者运用技术的熟练程度和主动进攻、防守反击的能力，技能实战运用的能动性、针对性和实效性，强化和促进练习者对搏击攻防规律的熟练掌握，培养其胆识，提高其自信心。可根据练习者的需要灵活安排练习的内容，练习的时间则根据练习者的实际情况和具体任务而定。一般每次练习5组，每组练习3~5分钟。

①动作要求。练习者要具有实战意识，明确练习目的；用力由轻至重；注意掌握

分寸，避免伤害对手。另外，陪练方要有牺牲和奉献精神，积极喂引、主动接招。

②练习范例。练习左直拳—右顶膝的主动进攻。练习者攻击动作快速连贯，陪练方在防守头部的时候，要有意暴露腹部，让进攻方击中。

5. 打靶练习

打靶练习是训练中的一个重要环节，是教员或同伴持靶给练习者喂递动作，帮助其练习的一种方法。击靶可分为击固定靶、击活动靶和击移动靶三种。击靶练习不仅能有效地提高练习者进攻和防守反击的动作质量，提高力点和击点的准确性，而且能提高其反应速度，培养其良好的距离感及发展专项耐力。练习时，要求持靶者递招喂靶及时到位，持靶的手臂肌肉在受击的一瞬间保持一定的紧张，以提高练习者的兴趣及缓冲击打的冲力。根据练习目的的不同，其方法与手段各异。进行击移动靶练习时，一般每次练习5~8组，每组练习3~5分钟。

（1）击固定靶练习。击固定靶练习是一种利用辅助性器材如胸靶、手靶和脚靶等作为击打目标的练习。它能检验击打技术是否正确，是改进技术动作和掌握距离感的重要手段。

①动作要求。拳、腿、肘、膝与步法协调配合，击点准确，快速有力。

②练习范例。在移动中用鞭腿击固定靶。

（2）击活动靶练习。击活动靶练习是由教员或同伴拿靶，突然示靶，打靶练习者根据示靶动作，迅速作出反应，选择相应的技术动作进行击打的一种练习方法。它可有效地提高攻击速度、准确性、距离感以及反应能力、应变能力。

①动作要求。持靶方多角度示靶；攻击者判断准确，攻击到位，快速灵活。

②练习范例。左侧踹腿击活动靶。

（3）击移动靶练习。击移动靶练习是由教员或同伴持手靶不断变换角度、距离和方向，练习者迅速反应，运用多种技术进行击打的一种练习方法。它可有效地提高练习者进攻和防守反击的动作质量，更快地提高攻击速度，更准确地把握距离感，建立稳定的条件反射，使动作逐渐达到自动化。

①动作要求。持靶方多方位示靶；击打者判断准确，攻击快速，灵活多变，连贯有力。

②练习范例。持靶方左侧踹腿进攻，练习者防守后用右鞭腿—左拐膝反击。

6. 打沙包练习

打沙包练习的目的主要有两个：一是提高动作的打击力度和攻击能力；二是培养和提高练习者的连续攻击能力和专项素质。练习的内容可以用某一单个动作，或组合动作的重复击打以及在规定时间内任意击打。练习方法可采用重复或间歇练习法。一般每次练习4~6组，每组练习2~3分钟，组间休息1分钟。打沙包要控制动作距离、力量、速度。循序渐进，逐渐加大击打力量。打沙包的时间不能太长，时间太长，会使肌肉疲劳、僵硬，影响出击速度和爆发力，打沙包前应充分做好准备活动，击打后要积极放松，以免肌肉僵硬和受伤。

（1）动作要求。步法要与击打动作协调一致；练习时要绕着沙包移动，从不同的位置、角度、距离去击打，快速连贯，力点准、到位快、有渗透力。

（2）练习范例。

①左右鞭腿连续击打沙包，用以提高右鞭腿攻击力度及全身协调配合能力。

②在面对沙包步法的移动中，听到指令后进行“右直拳—左撞膝—转身右侧踹—左正蹬腿”连招击打沙包，以此来提高连续攻击能力和动作的转换能力。

7. 条件实战练习

（1）条件实战。条件实战是一种有条件限制的实战练习方法。它是实战的初级阶段或根据阶段训练内容，为提高练习者的某种能力而设置的一种常见训练手段，具有较强的针对性，能有效地提高练习者的实战对抗能力，强化和促进其“绝招”技术的形成和实施。条件实战大致可分为单个技术动作（拳、腿、肘、膝、摔）的实战，或几种技术组合动作（拳与膝、腿与肘、拳与摔、肘与摔等）的条件实战。练习的内容与时间则根据练习者的实际情况、个人特点以及具体的训练任务而定。一般每次练习6组，每组练习3~5分钟。

①动作要求。练习者要明确练习的目的、任务与要求，强调技术的大胆运用。

②练习范例。规定只许用拳、腿实战或一方主动进攻，另一方防守反击。

（2）教学比赛。教学比赛是练习性实战，以“练”为主要目的，要求学生不可计较胜负，应把意识和精力放在技术的运用和实施上。强调技术、战术的大胆运用和发挥，锻炼其对技术的临场实用能力和随机应变能力，培养其在激烈的对抗条件下，技术运用的能动性和实效性。

练习范例。针对练习者擅长进攻的特点，安排其运用主动进攻的方法与手段；对擅长腿法练习者则应多安排其用腿法进攻和反击，反复练习，力求达到自动化。为了培养和强化学生克敌制胜的“绝招”，可布置任务，规定其在一局比赛中运用的次数及成功率，以促进其绝招技术的形成并熟练“绝招”的临场实用技巧。



8. 实战练习

通过激烈的对抗，在限制与反限制、发挥与反发挥的剧烈争夺中检验和全面提高练习者技术、战术运用能力和实效性。

（1）动作要求。练习者要勇敢顽强、努力拼搏，大胆、果断地运用技术，力争在每一回合的较量中占据主动，不失分。在实战练习时，练习者要选择不同技术特点和攻防类型的对手对抗，以便熟练掌握对付不同对手的打法。

（2）练习范例。练习者与水平低的对手交锋，可充分体验和提高技术运用的随机性和实效性；与水平高的对手交锋，可巩固技术的能动运用，积累技艺及经验。

## 四、几种制胜因素的技术训练

搏击实战或比赛瞬息万变，攻防转换速度极快，学生除要求具有良好的基本功、基本技术外，还应该把握起到制胜作用的几个因素，例如距离感、时间差及时机等。

1. 距离感

（1）距离感的概念。“距离感”是在实战中对自身及对手之间的距离的判断和识别自身动作活动范围的能力。学生在防守时，避开对手攻击锋芒的距离越短越好，这样便可在最短的有效距离内攻击对手，使攻击者在瞬间由主动变被动。这就需要学生具有良好的距离判断和识别能力，在实战或比赛中，双方的距离是根据场上不同的情况而不断变化的，你进我退，你退我进，双方始终保持一定的实战距离。当对手进入进攻距离（也称有效距离）时，也进入到我的攻击范围，如果我以快于对手的速度攻击对手，这样便会起到有效的阻击和攻击对手的目的。

（2）距离感的训练方法。良好的距离感是取胜的有效手段，因此，练习者不要忽视平时的基础训练，要注重在实战和条件实战中培养距离感。

①两人配对的步伐练习。双方采用不同的方法，或进或退，或左或右，不断地移动，但两人始终保持一定距离，即双方都无法攻击到对方的距离。

②不接触式的条件实战。双方均可采用配合进攻和防守技术动作模拟实战中的距离练习。

③条件实战。采用规定动作的一攻一防实战练习或多种形式的练习。在条件实战中练习距离感最接近于实战，学生在条件实战中寻找那种或远或近的感觉。练习多了，就能够从中抓住远近进攻的机会。

2．时间差

（1）时间差的概念。“时间差”就是进攻与防守反击之间的时间差距，不同对手的拳法、腿法、肘法、膝法的速度及技术掌握程度都有所不同，也就形成了不同的时间差。掌握好实战中进攻和防守的时间差，是有效地攻击和反击对手的关键。

（2）时间差的训练方法。在实战中掌握好各种攻击方式时间的同时，还应不断加强反应速度和技术动作速度的练习，以此来达到掌握时间差和缩短时间差的目的。

①加强反应速度的训练。a. 原地高抬腿，听到信号后迅速启动加速跑；b. 绕圈前滑步，听到信号后迅速变向后滑步；c. 拿靶者快速或连续示靶，打靶者根据出的靶进行打击；不断地变化不同的拳靶、脚靶，迫使击靶者作出快速不同的反应。如：规定时间的鞭腿对攻训练；一方使用侧踹腿，另一方使用鞭腿的条件实战等。

②提高技术动作速度的练习。a. 拳法、腿法、肘法、膝法的快速攻击，快速打靶或打沙袋；b. 击打速度球、树叶等练习；c. 加强专项素质练习，保证体力，使之具备在长时间运动中保持充沛体力和快速做出技术动作的能力。

3．时机

（1）时机的概念。“时机”即战机，是在实战中得到的一瞬间有效的进攻或反击对手的机会，也就是对方在瞬间出现容易被击中的薄弱环节。在双方身体素质、技术水平相差不多的情况下，准确、及时地掌握时机，是获得胜利的重要因素之一。及时、准确地找出对方的薄弱环节，快速选择相应的进攻动作，是寻找进攻机会、把握时机的先决条件。进攻中的时机一般有以下几种：对方身体重心放在前腿时；注意力不集中时；进攻时对方身体失去平衡时；对方正面对自己或转身时等等。这些机会出现的时间是很短的，要抓住这瞬间的进攻机会，就需要具备敏锐的洞察力和快速的反击能力，否则，对手调整好状态后作出第二反应，就失去了时机。

（2）时机的把握与训练。①加强反应速度的训练；②加强动作速度的训练；③加强预测和判断能力的训练。预测和判断能力的训练是一种无形的技能训练，主要是一种针对对方动作预兆的判断识别训练。它需要在长期的实战对抗训练中，去摸索和发现每一个技术动作的运动规律，从中不断积累这方面的经验与能力。如起腿时肩先动、打拳时肩先动，因此，只要观察对方的肩，便可预测判断出对方即将出拳或起腿；④加强进攻性诱惑的训练。这是一种制造时机的训练方法，主要有三种训练形式：a. 虚晃动作的训练，训练时学生可采用左右、上下、前后虚晃迷惑对方，在对方判断不清、犹豫不决时，突发进攻动作；b. 假动作的训练：采用指上打下、指下打上等方法去分散对方的注意力，只要对方有防守的反应，就突然变换动作进攻；c. 步法移动的训练：

有意识地利用步法前后、左右移动，在移动中寻找进攻的最佳时机。

## 项目二　搏击的练习形式

在搏击教学与训练中，组织练习是学生从感知技术到掌握技术的关键环节。在组织练习时，教员通过观察获得反馈信息，把握学生的接受程度。搏击练习的形式和方法是多种多样的，教员应注意合理安排与固定组织，力求激发学生的学习兴趣、自觉钻研的主动性和积极性，强调把教员的教与学生的学统一起来，既要发挥教员的主导作用，又要发挥学生的主动作用，同时还要根据教学任务、教材特点、学生的实际水平等具体情况确定教学方法与组织形式，以保证教学质量。

### 一、搏击教学与训练的组织形式

1. 单人练习

单人练习是由学生独立进行练习的方法。单人练习时学生可仔细体会动作的路线、发力要领等，并可根据自身的实际情况有目的地进行练习。在进行单人练习时，教员要注意观察，并进行个别辅导。

单人练习的优点：能充分培养和发挥个人的思维能力，积极调动主动性；个人能自主地调节运动节奏和负荷强度，有利于个性化的发展。

2. 配对练习

根据搏击运动自身的特点，在集体练习和分组练习具有一定基础的条件下，便要进行两人一组的配对练习，教员可按男、女性别差异分男、女两组各自配对，再将身材、体重接近的两人相互配对。配对之后，教员要明确练习要求，如进行条件实战时规定一方主动进攻，另一方只能被动防守，一定时间后交换，教员则巡视和指正。

| (a) | (b) |
|---|---|
| × × × × × × | ▽ ▽ ▽ ▽ ▽ ▽ |
| △ △ △ △ △ △ | × × × × × × |
| ○ | ○ |
| ▽ ▽ ▽ ▽ ▽ ▽ | × × × × × × |
| × × × × × × | △ △ △ △ △ △ |

3. 分组练习

在集体练习之后，为了进一步巩固技术动作，通常采用分组练习的形式。这种练习便于调动学生的自主性和积极性，各小组应指定一名责任心强的学生为小组组长，教员则轮流观察、互相指导。可规定练习的次数与组数进行等时轮换。

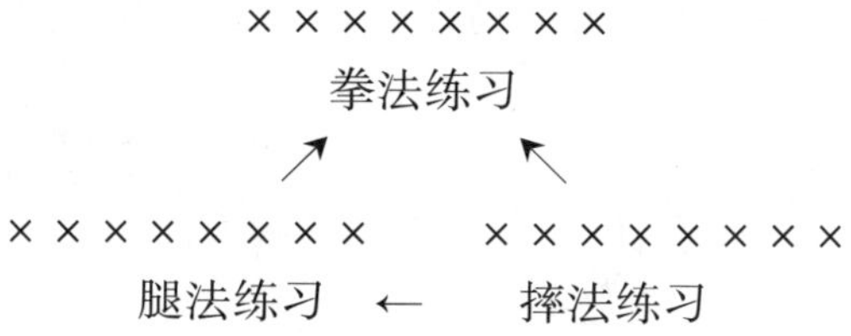


4．集体练习

搏击教学的最初阶段，一般采用此种练习方法。通常是在教员讲解、示范教学之后，由教员运用口令或手势发出信号，统一指挥集体进行练习。学生熟练掌握动作之后，在进行基本功练习时，一般采用行进间依次进行的方式。

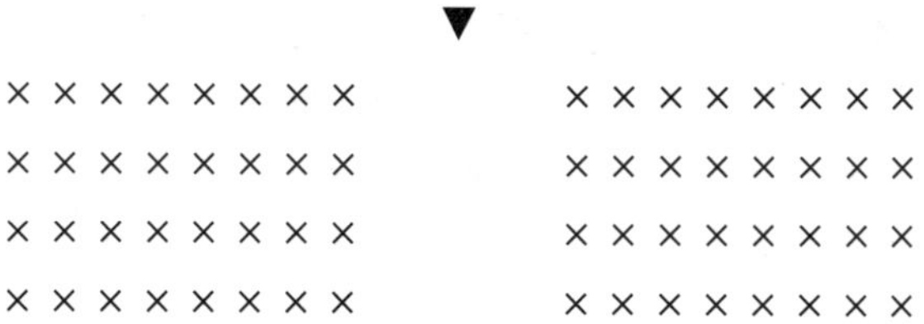

## 二、搏击教学与训练组织的要求

1．讲解要求

讲解时要通俗易懂，简明扼要，富有启发性，并要注意讲解的层次和时机。

（1）讲解内容清晰。应逐一讲解动作名称、动作规律及运动规律、技击含义、关键环节和易犯错误。

（2）讲解方法多样。利用形象化的比喻，围绕动作的要点先提问，以启发学生的思维或是把动作要领口诀化，帮助学生更好地理解动作。

2．示范要求

准确优美的动作示范，能使学生直接了解动作的形象、结构、用力方法，可提高学生的学习兴趣，激发学生学习的自觉性。

（1）示范方法多样。根据学生学习阶段的不同采用不同的示范方法，如常速、慢速示范和分解、完整示范。

（2）示范位置正确。

a. 讲解时的示范位置。教员可站在横队的排头、排尾连线所构成的等腰三角形的顶点进行示范，也可站在相向而立的二列横队之间的空地进行示范。

另外，也可以让学生站成半圆形或马鞍形，教员在中间进行示范。

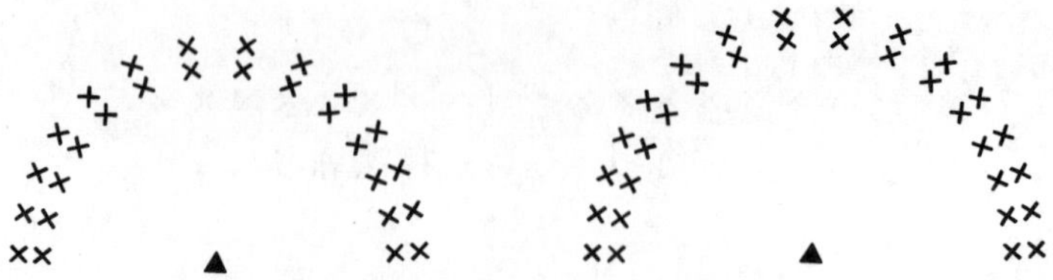

b. 领做时的示范位置。可根据动作的运动方向站在队伍的正前方、左侧或右侧进行示范。

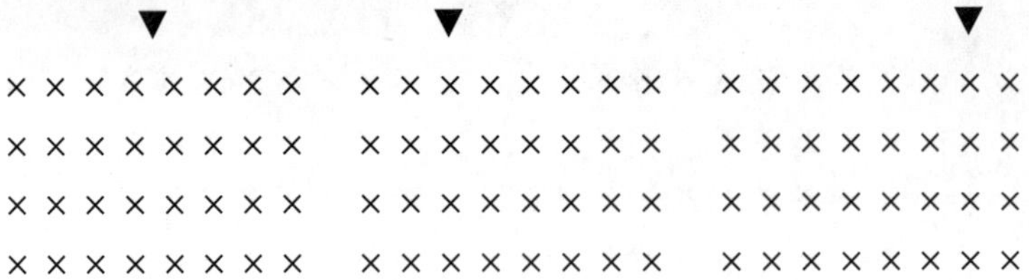

3. 纠正错误要求

及时发现和纠正错误，使学生建立正确的动作动力定型，是掌握动作技术的关键环节。

（1）注重心理调节。和学生沟通，帮助他们克服困难，消除胆怯心理，树立信心。

（2）采用多种练习方法。a. 集中练习法：针对普遍存在的错误动作，集体讲解动作要领，并统一反复练习；b. 强制措施法：对个别学生出现的且非常顽固的错误动作，需采取强硬措施，阻止错误的发生；c. 正误对比法：将错误动作与正确动作作比较，让学生观察、分析、总结，可更好地改进与完善技术动作。

单元四

# 搏击的专项体能训练

体能是专项训练的基础。良好而全面的身体素质不仅是初步掌握搏击技术和提高搏击战术水平的基础条件，也是学习搏击技术过程和搏击比赛中做到自我保护和避免运动损伤的重要因素之一。因此，在学习搏击技术过程中，要以专项体能为重点和切入点来提高身体素质，为搏击技术打好基础。

## 项目一　力量训练

力量素质是指人体神经肌肉系统在工作时克服或对抗阻力的能力，其水平高低不仅对速度、耐力等运动素质有重要影响，也影响着搏击战术的掌握和提高。古人云："一胆二力三功夫"，"一力破十巧"，"以力补拙"，充分说明了力量素质在搏击运动中的重要性。

力量训练的方法和手段很多，以抗阻力训练为主。

1. 颈部力量

(1) 头手撑。

双脚与肩同宽，以头、手、脚支点撑地，静止不动保持一定的时间。达到一定水平后，也可头、脚撑地练习（图 4 – 1 – 1）。

图 4 – 1 – 1

(2) 头手倒立。

以头和双手为支点，形成等腰三角形的支点进行倒立（图 4 – 1 – 2 ~ 3）。

图4－1－2

图4－1－3

2. 上肢力量

（1）俯卧撑。

身体绷直俯卧，双臂支撑做屈肘运动。水平得到提高后，也可将双手推离地面击掌，双脚垫高或单手（图4－1－4～6）。

图4－1－4

图4－1－5

图4－1－6

（2）卧推杠铃。

仰卧在长凳上，手举杠铃做一定量的屈伸运动。两手约与肩同宽。要求：训练爆发力时，要有人在旁边保护（图4－1－7～8）。

图 4－1－7

图 4－1－8

（3）推杠铃。

两脚前后站立，手握杠铃在胸前快速推出和快速回收，推出时每次都交换双腿（图 4－1－9～10）。

图 4－1－9

图 4－1－10

（4）双手握小哑铃冲拳。

双手紧握小哑铃交替平冲，结合搏击技术，保持双手动作（图 4－1－11～13）。

图 4－1－11

图 4－1－12

图 4－1－13

3. 背腹肌力量

(1) 仰卧两头起。

身体伸直仰卧，双手上举。以臀为支点快速收腹，将双手双脚同时举起，以手拍脚背为标准。每组不少于10个，每次5组以上（图4-1-14~15）。

图4-1-14

图4-1-15

(2) 俯卧两头起。

身体俯卧，两腿伸直，双手十指交叉抱头。以腹部为支点，头和双腿同时抬起。注意：膝盖尽可能不弯曲，以大腿带动小腿（图4-1-16~17）。

图4-1-16

图4-1-17

(3) 肋木举腿。

背靠肋木，两手上举抓握比身体稍高的肋木，两腿并拢伸直，做收腹举腿动作。（女生可做屈膝平举）。注意：上快下慢（图4-1-18）。

图4-1-18

（4）抱人甩。

辅助人员立正姿势站好，训练者从后马步紧抱辅助人员腰部，将辅助人员抱在腰间平放，左右变换甩动。注意：训练者要对辅助人员充分负责，辅助人员要充分信任训练者（图 4 - 1 - 19 ~ 21）。

图 4 - 1 - 19

图 4 - 1 - 20

图 4 - 1 - 21

4. 下肢力量

（1）负重深蹲。

两脚约与肩同宽站立，肩挑杠铃，做下蹲起立动作。一定数量后抛开杠铃加速跑 30 ~ 40m（图 4 - 1 - 22 ~ 23）。

当水平提高后可把脚后跟垫高，每次起立时脚后跟尽可能离开加垫物。注意：练习时上身尽可能保持挺胸立腰，避免受伤，或旁边各站一名同学保护。

图 4 - 1 - 22

图 4 - 1 - 23

（2）蛙跳。

两脚约与肩同宽进行连续立定跳远，以最远的距离为目标向前跳且每组跳到一定远的距离。

（3）跑楼梯。

以每步跨三至四级楼梯为主，向上爬 4 至 6 层。下楼梯时以一级一步为主，全程全速。注意：选择楼梯较宽处进行训练。



## 项目二　速度训练

速度素质是指人体运动的能力，包括人体快速完成动作的能力和对外界信号刺激的反应能力，以及快速位移的能力。速度训练的方法与手段：

1．反应速度

搏击运动中，人体的反应主要是通过视觉、听觉和触觉对外界各种刺激作出的有意识的反应。因此，通过信号刺激的方法来提高反应能力是最基本的训练法。

（1）单双数游戏。

将学生分成两组站在一条线（中线）两边，一方为单数，另一方为双数。双方后隔中线5～7米为安全线。在教员叫出一个数字时，如果数字是单数时，单数学生向己方的安全线跑，而双数学生追。单数学生在到达安全线前被抓到为失败，而双数学生胜利。如果单数学生到达安全线后未被抓到则为胜利，双数学生失败。当指挥员叫出双数时同理。

（2）摸肩游戏。

在基础达到一定水平时，两人利用滑步动作，相互用手轻拍对方肩膀。在对方进攻过程中可以采用格挡或躲闪的技术动作进行防守。每组时间为2～3分钟。注意：在拍打过程中要注意力度和位置，尤其是眼睛部位。



2．位移速度

拳谚曰："拳到脚不到，瞎胡闹。"说明位移速度的重要性。搏击运动的位移特征不同于其他运动项目，具有一次性、多元性、多向性及间断性的特点。在搏击运动位移速度的练习中必须与步法特征紧密结合。

（1）步法移动练习。

进行各种步法如前滑步、后滑步、交叉步、垫步等高频率练习。高抬腿或快速跳绳等是练习步法灵活性的有效方法。

（2）腿部爆发力练习。

腿部爆发力的提高也能提高移动速度。常见方法在力量练习中提到。在速度练习过程中，多加入对抗游戏是加强速度练习的有效方法。

## 项目三　耐力训练

搏击对抗中每局净打3～5分钟，实际用时5～8分钟，对人体的极限是一种极大的考验。耐力素质也是评价搏击水平的重要技术指标。因此，在训练中有意识地提高自身的耐力素质是搏击训练中一个重要的项目。

耐力练习的方法和手段：

1．四项跑训练

以先做20个高抬腿，迅速跑10米—做20个俯卧撑—做20个仰卧两头起—再做

10 个立卧撑跑回为一组。休息 30 秒后练习下一组。每次练习 8 ~ 10 组。

2. 打沙包或踢靶训练

为了提高速度和耐力，可采用 40 秒的打靶练习，每组休息 10 秒。每次训练 10 ~ 15 组。

3. 各种距离的跑步

短距离上坡或下坡跑：30m、50m、100m 等。

中远距离耐力跑：800m、1 000m、1 500m、3 000m 等。

各种变速跑：跑 400m，休息 1 ~ 2 分钟再进行下一组，每次 5 ~ 6 组。

## 二、耐力训练的注意事项

（1）要多进行有氧练习，逐渐提高要求，延长跑的距离和时间及做动作的次数。

（2）进行耐力素质教学时，应事先了解学生的健康状况，对于不宜做剧烈运动的学生，要安排适当活动，避免事故的发生。

# 项目四　柔韧训练

柔韧是人体的一种重要身体素质，是指人体关节活动幅度的大小以及关节的韧带、肌腱、肌肉、皮肤及其他组织的弹性和伸展能力。发展柔韧素质不仅可以加大动作幅度，使动作更加协调、优美，而且能，减小受伤的可能性。因此，正确地进行柔韧素质练习，对于提高运动技术水平具有重要的意义。





## 一、柔韧素质练习的方法

主动或被动的动力性拉伸方法。主动的动力性拉伸方法是靠自己的力量拉伸，被动的动力性拉伸方法是靠同伴的帮助或负重借助外力的拉伸，但外力应与伸展能力相适应。

上述方法可单独采用亦可混合运用，练习时间根据需要确定。

## 二、发展各关节柔韧性的练习方法及手段

柔韧素质的练习应从各项目的特点出发，有目的、有选择地进行。以下根据教学训练体会，提供一些提高柔韧素质的方法，供教学训练时参考。

### （一）手指手腕柔韧性练习

（1）用左手掌心压右手四指，连续推压（图 4 – 4 – 1 ~ 2）。

图 4 – 4 – 1

图 4 – 4 – 2

(2) 靠墙倒立（图4-4-3）。

图4-4-3

**（二）肩关节柔韧性练习**

1. 压肩

(1) 手扶一定高度体前屈压肩。

(2) 两人互相以手搭肩，身体前倾，向下有节奏地压肩（图4-4-4）。

图4-4-4

2. 拉肩

(1) 两人背相靠，双手从头上方相扣作弓箭步前拉。

(2) 背对肋木站立，双手从头上方握肋木，以脚为支点，挺胸，腹前拉起成反弓形（图4-4-5）。

(3) 背向肋木，双手反握肋木，下蹲并往下拉肩（图4-4-6）。

图 4 –4 –5

图 4 –4 –6

（4）背向肋木，屈膝站在肋木上，双手从头上方握肋木，然后向前蹬直双腿，胸腹用力前挺。

（5）身体侧向肋木，一手紧抓肋木，一手自然下垂，成侧弓方向拉（图 4 –4 –7）。

图 4 –4 –7

**（三）腰腹部柔韧性练习**

（1）刷腰：两脚略比肩宽，以腰为轴，两手臂带动躯干顺时针或逆时针旋转（图 4 –4 –8 ~ 11）。

图 4 –4 –8

图 4 –4 –9

图 4-4-10

图 4-4-11

（2）两脚前后开立，向左后转，向右后转，来回转腰。

（3）后桥练习，逐渐缩短手与脚的距离。

（4）向后甩腰练习。

（5）双人背向，双手从头下方互握或互挽臂互相背（图 4-4-12～14）。

图4-4-12

图 4-4-13

图 4-4-14

**（四）下肢柔软性练习**

（1）压腿：将脚放在一定高度上，另一腿站立，脚尖朝前，然后正压（勾脚）、侧压、后压或一脚放在同伴肩上，同伴慢慢站直（图 4-4-15）。

图 4-4-15

(2) 侧压腿：借肋木做侧踹或侧踹转跨的压腿（图4－4－16）。

图4－4－16

(3) 踢腿：行进或原地扶把杆，正踢（勾脚）、侧踢、后踢（图4－4－17～21）。

图4－4－17

图4－4－18

图4－4－19

图4－4－20

图4－4－21

(4) 摆腿：向内、向外摆腿（图 4－4－22～26）。

图 4－4－22

图 4－4－23

图 4－4－24

图 4－4－25

图 4－4－26

(5) 前后劈腿。

(6) 两腿劈开一字马，由同伴不断下压大腿外侧（图 4－4－27）。

图 4－4－27

(7) 坐下，两脚底相对，由同伴帮助下压两膝。

(8) 弓箭步压腿。

（9）两人双腿劈开坐，双脚互相顶位，双手相拉，一人前俯，一人后仰。

**（五）踝关节和足背部柔韧性练习**

练习者跪在垫子上，利用体重前后移动压足背，也可将足尖部垫高，使足背悬空做下压动作，增加练习难度（图4－4－28）。

图4－4－28

**（六）柔韧训练的注意事项**

（1）压腿前必须先热身，最好是做准备运动至身体稍稍出汗，特别是冬天，从而避免拉伤。

（2）缓慢地将肌肉、肌腱、韧带拉伸到有一定酸、胀、痛的感觉的位置，并停留一定的时间。这种方法可减少或消除超过关节伸展能力的危险性，防止拉伤，因为拉伸缓慢不会激发牵张反射。一般要求在酸、胀、痛的位置停留6～8秒，重复6～8次。

（3）有节奏地、速度较快地、幅度逐渐加大地多次重复同一个动作的拉伸方法。在运用该方法时不宜用力过猛，幅度一定要由小到大，先做几次小幅度的预备拉长，然后加大幅度。每个练习重复5～10次（重复次数可根据专项技术的需要而增加）。

## 单元五

# 搏击的抗击打能力训练

## 项目一　基本功力训练

臂功练习是增强臂力、锻炼手臂的爆发力、学会手臂用力的基本方法。

预备姿势：听到“准备——格斗”的口令后，在立正的基础上，身体稍向左转，同时右脚稍向右后撤一步，两脚略成“八”字形，屈膝，体重大部落于右脚，同时两手握拳，前后拉开，屈肘，左拳略高于肩，拳眼向内上，右拳置于腹前约10cm处，拳眼向上，自然挺胸，目视对方（图5－1－1）。

图5－1－1

### 一、弓步冲拳

在预备姿势的基础上，左脚向左前方移动约一脚，右拳以蹬腿、扭腰、送胯之合力从腰间猛力向前内旋冲出，同时，左拳收抱于腰间，屈左膝，右腿挺直（见图5－1－2）。然后右脚向右前上步，左拳、左腿和右手同冲右拳的要领。

用途：击打对方面部、胸部。

要求：拳要打中，重心要稳。

图5－1－2

## 二、弓步横勾拳

在预备姿势的基础上，左脚向前方移动约一脚，同时左臂上挡外格后摆（图5－1－3），右拳以蹬腿、扭腰、送胯之合力由后猛力向前横勾（图5－1－4），左腿挺直。然后，右脚向右前上步，右臂上挡外格后摆，左拳、左腿同右拳横勾时的要领。

用途：掼耳、击太阳穴。

要求：勾拳要猛，拳与眼同高，重心要稳。

图5－1－3

图5－1－4

## 三、弓步下勾拳

在预备姿势的基础上，左脚向左前方移动约一脚，同时，左臂里拨后摆，右拳以蹬腿、扭腰、送胯之合力由后向前上猛击，拳心向里，约与下颌同高，成左弓步（图5－1－5）。尔后右脚向右前上步，右臂里拨后摆，左拳、左腿同右拳下勾时的要领。

用途：击打对方腹部、下颌。

要求：勾拳要猛，重心要稳，拳约与下颌同高。

图5－1－5

## 四、弓步劈弹

在预备姿势的基础上，右脚向前上步成右弓步的同时，右拳后摆，左拳变八字掌，掌心向前，虎口向右（图5－1－6）；左转身成马步的同时，右拳由后经右上向前向下猛劈，左手接握右手腕，拳心向上（图5－1－7）；蹬左脚成右弓步的同时，右拳向右前上猛弹，拳眼向后上，略高于头，左拳后摆，拳心向后（图5－1－8）。尔后，左脚向右前上步，左拳、左腿和右手同右拳劈弹时的要领。

用途：弹对方面部。

要求：用拳背或小臂弹对方；弹拳时要用蹬腿、扭腰、挥臂的合力。

图5－1－6

图5－1－7

图5－1－8

## 项目二　倒功训练

### 一、前倒

在立正的基础上，两腿绷直，自然前倒，同时，两臂屈肘，置于胸前，掌心向下，抬头收腹，以两掌及小臂着地（图 5－2－1～4）。

用途：防前倒摔伤。

要求：倒时身体要挺直，膝、腹、胸不着地。

图 5－2－1

图 5－2－2

图 5－2－3

图 5－2－4

### 二、前扑

在立正的基础上，左脚向左跨步，约与肩同宽，屈膝半蹲，两臂后摆，自然伸直（图 5－2－5）。尔后，两脚蹬地，猛向前跃起，同时，两臂前摆，掌心向下，屈臂直身，以两掌、小臂和两脚内侧着地（图 5－2－6～8）。

用途：防前倒摔伤。

要求：倒时膝、腹、胸不着地。

图5－2－5

图5－2－6

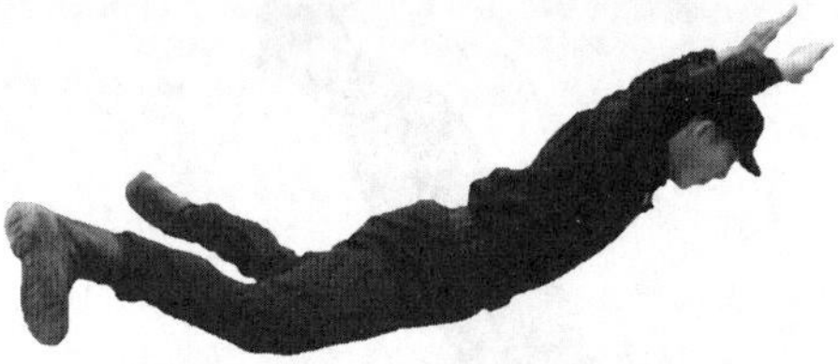

图5－2－7

图5－2－8

## 三、后倒

在立正的基础上，左脚向左跨步，约与肩同宽，屈膝半蹲，两臂后摆，自然伸直。尔后，两脚猛蹬地，两臂前摆，身体跃起后仰，同时收腹、屈身、低头，以肩、背部及两臂着地（图5－2－9～11）。

用途：防后倒摔伤。

要求：着地时要憋气。

图5－2－9

图5－2－10

图 5 - 2 - 11

## 四、侧倒

在立正的基础上，左脚向左跨步，约与肩同宽，屈膝半蹲，两臂后摆。尔后，两脚蹲地，向前跃起，同时两臂前伸，侧身屈肘，卷身收腿，以一小臂及两手先着地，倒时将上体支撑起，两腿屈膝，一腿贴地，一脚抬起。左侧着地为左侧倒，右侧着地为右侧倒（图 5 - 2 - 12 ~ 14）。

用途：防侧倒摔伤。

要求：空中转体迅速、协调。

图 5 - 2 - 12

图 5 - 2 - 13

图 5 - 2 - 14

## 五、跃起后倒

在立正的基础上，左脚向左跨步，约与肩同宽，屈膝半蹲，两臂后摆。然后，两脚蹬地，向前上方跃起，两臂前摆，身体前倾，同时收腹、屈身、勾头，以两臂、肩及背部着地（图 5 - 2 - 15 ~ 17）。

用途：防后倒摔伤。

要求：两臂前摆，下拍要快，前倾与收腹勾头要协调一致。

图 5－2－15

图 5－2－16

图 5－2－17

## 六、跃起侧倒

在立正的基础上，左脚向左跨步，约与肩同宽，屈膝半蹲，两臂后摆。然后，两脚前后向上跃起，两臂前摆，向左后转身的同时，右脚猛向左摆，以两手、两臂、右脚掌、体侧着地，两臂弯曲成剪式。

要求：跃起、摆腿要快，转身摆腿要协调一致（图 5－2－18～21）。

图 5－2－18

图 5－2－19

图 5－2－20

图 5－2－21

## 七、前滚翻

在立正的基础上，屈膝下蹲，两臂前摆两手撑地，弯腰收头，以背部着地，用两脚蹬力向前滚翻，随即双手抱膝，迅速起立（图5－2－22～24）。

要求：滚翻、起立要快。

图5－2－22

图5－2－23

图5－2－24

## 八、跃起前滚翻

在站立的基础上，两臂前伸后摆，两脚前蹬，身体跃起，两手着地，随即含胸收头，团身向前滚动一周，两脚着地，两手抱腿蹲起（图5－2－25～28）。

要求：跃起、滚翻、起立要快。

图5－2－25

图5－2－26

图5－2－27

图5－2－28

注意：在学习跌法时，一定要有保护垫，要在教员的指导、保护下进行练习，以防受伤。通过倒功练习，既可掌握被摔倒后的自身保护技巧，又能增强身体的抗击打能力。

单元六

# 搏击的战术

## 项目一　搏击的基本战术形式

### 一、搏击技术分析

技术动作直接影响着最后胜负，正确地掌握搏击技术是练习的重要环节。搏击技术分为实战姿势、步法、进攻、防守和防守反击五个部分。

1. 实战姿势

搏击的实战姿势，也叫预备姿势。不管选用什么样的姿势，它都应具有以下三个特点：

（1）便于步法移动。

实战时，练习者需要根据攻防动作的特点和要求，在不同的时机、距离、条件下不断而迅速地转换步法和变化姿势。所述实战姿势，便于步法的移动，身体重心在两腿之间，不论做前后左右的移动都是等长距离，均无明显的重心转换。再者，微屈的两腿使身体总处于一种随时可以出击的“弹性”状态，增加了步法移动的灵活性。

（2）便于运用进攻方法。

实战时，学生必须准确地把握进攻的时机。而时机是靠练习者应急的敏感性来获得的，特别是防守反击时。实战中对方时而拳，时而脚，时而打上，又时而击下，而且距离时时变化。这时实战姿势两手所放的位置、两脚站的距离至关重要。应是距对手最近，路线最短，便于灵活地变化和运用各种进攻方法并使之发动迅速。

（3）便于防守。

搏击的防守方法有时是闪躲防守，如后闪、侧闪、下躲闪等；有时是用四肢防守，如左右拍击、格挡、提膝、阻击等。选用搏击实战姿势是否有利于防守应着重体现在两个方面：首先是身体暴露给对手击打的部位要少；其次是防守面要大。因此，实战姿势要求身体要侧向站立，两臂一上一下紧护头部和躯干，使胸、腹、裆等要害部位处于有效的保护下，另外还要求下颌微收，闭嘴合齿，提高抗击打能力。

2. 步法的技术要求

搏击中的常用步法有：进步、退步、纵步、垫步、上步、撤步、闪步、跃步等。拳谚说：“练拳容易步法难”，步法移动的快慢，距离的大小，直接影响着攻防的效果。因此对步法的技术要求如下。

（1）活。

活，是指步法移动、变化要灵活敏捷。运动时轻松自如，虚实变换，让对手看不清自己身体的重心所在，给对方造成判断困难。判断对手的重心所在是使用技术方法的依据，比如对手用右直拳进攻，身体重心落在前脚，如果在防守的同时以右勾踢脚踢其前腿，其结果就是把对方踢翻在地。另外由于对手身体重心在前脚，想以前腿反击已不可能。那么如何使步法活呢？在田径项目中，短跑的蹲踞式起跑要比站立式起跑困难，途中跑加速要比静止时加速快，原理就是蹲踞时身体重心太低，下肢肌肉的负担重，静止中加速没有初速度。不难理解，搏击步法要活，首先力量是基础，膝关节、踝关节弹性要好；其次在站立时两脚相距不宜太宽，两膝弯曲不能过大，身体重心尽可能不向一边倒（除必要的进攻外），实战中人应该是“活动”的，尽量避免“静止”。

（2）快。

快，是指步法移动的速度。拳谚说：“手到脚不到，破敌不得妙”、“手打三分腿打七分，胜人全凭脚下快”。双方交手前都处在相持和窥视状态之中，互相保持着一定的距离，任何一方发动进攻，必须以快速的步法接近对方，在有效距离施以击打，进攻才能有效；同样防守一方，也必须具备快速的后退和躲闪能力，防守方能成功。

（3）稳。

稳，是指步法移动的稳定性。拳谚说：“步不稳则乱”。在北方很多拳派的攻防要诀中也讲到“借势打势，顺手牵羊，四两拨千斤”等，这些都讲述了这样一个道理：掌握了对方的身体重心及移动的规律，破其稳定，以巧取胜。有的练习者出拳时只注重力度而使身体重心过分前移，超出了支撑面，对手若顺势一带就会失去平衡；还有的练习者使用腿法进攻时，一味追求腿的击打高度，造成支撑腿站立不稳，若对手使用掀、托等方法便会倒地，这些都是步法不稳的后果。

（4）准。

准，是指步法移动的准确性。准确地移动步法，可以为进攻、防守或防守反击赢得时间。进攻时的步幅太小，则不能产生最佳效果，也会影响二次进攻和回位防守；防守时步法移动的距离不够，有可能遭到重击，而移动过多，又不利于反击。把握步法移动的准确性，主要取决于练习者的空间感觉能力，而这种能力的获得，有赖于长期的实践和不断的摸索。

3．进攻技术

进攻技术是搏击中的主要组成部分，技术的优劣直接关系着实战中的胜败。故此，让学生掌握进攻技术的要领是教学训练中的重要任务。

进攻技术包括各种拳法、腿法、肘法、膝法和摔法等。任何一种进攻方法都存在着动作的起止点、受力点和运行的路线三方面的规格要求，改变哪一个方面，都会导致方法的改变或是错误的动作。因此每学习一个方法都必须按照严格要求并准确地掌握它。现将其共性特点归纳为以下五点。

（1）速度快。

兵书上说“兵贵神速”，拳理上讲“拳似流星眼似电”，“拳打人不知”，“箭来不易躲，因其疾；拳来不易防，用其快”。进攻技术如能打出“快”的特点，就会起到使对手防不胜防的效果。影响动作的快慢，其原因是多方面的。

首先，肌肉力量是基础。进攻动作的完成最终是靠肌肉的收缩而产生力量，没有力量作为物质保证，欲做到快速进攻是不可能的，但是力量和速度，在没有掌握用力的技法以前是很难成正比例发展的。不难想象，举重运动员力量很大，但做起搏击动作来则可能不尽如人意。

其次，掌握用力的技术方法是关键。任何搏击的用力技术方法都要求刚柔结合，刚柔是用力的技术方法中相辅相成、互相依存的两个方面。刚柔相济，先柔后刚，刚后必柔这种周期性的放松——收缩——放松就是搏击用力的技术方法所在，它也符合生理学和解剖学的理论。只有肌肉处在完全放松的状态下，才能产生第二次的最大收缩力量。有的学生看起来肌肉很发达，但击打时动作僵硬、滞缓，速度慢，没有“寸劲”，其原因就是没有掌握用力的技法。

再者，避免动作的“预摆”是根本。每一个进攻方法运行的路线以及动作的起止点是有严格要求的，有的练习者为了加大力量而把动作幅度做得很大，或带有“预兆”，如先收后放，先拉后打等。这就无意中增加了动作的运行时间，结果达不到快速出击的效果。

（2）力量重。

力量重，是指击打和摔的力度要求。搏击实战，练习时处在你追我退，或你攻我防的激烈状态中，所用方法须有一定的力度，才能做到有“杀伤力”，也才能给对方一种威胁感。例如，甲使用右直拳进攻乙，乙欲进身以摔法反击，若甲直拳力量很大，乙便会担心被重击而受伤，进身也就不那么果断。相反，若甲力度很小，乙心里不畏惧，进身抱摔也就毫无顾虑了。再如，甲追乙退，乙用踹腿阻击，若力度小，不但不能挡住甲方冲击，反会因反作用力造成乙方倒地。

如何加大进攻的力度呢？练习者除了必须具备力量素质外，还要提高全身发力的协调性，在现有素质的条件下发挥出更大的能量。行家们说：“腿腰肩臂力要聚，出手不凡力自整。”还说“力由腰发多根基。贯入两肋四肢躯，发到手足成一点，丹田叫力山也移。”这些理论充分说明任何一个动作的发力，都是通过腰的作用点而贯至四肢的（两手和两脚），没有高度的协调性，很难使动作发力完整。例如右直拳或右摆拳，先是通过后脚的蹬劲，前脚的制动后使力传至腰，又通过腰沿纵轴方向的转动传至臂，最后达于手。一个动作只靠局部力量是有限的，必须全身协调一致。同时在发力的一刹那，配合呼气，屏气蓄劲，以气催力，达到意、气、力三者合一，使力量更加完整。

（3）力点准。

进攻技术的力点，是构成技术方法的重要特征，必须准确。如果力点不准，不但是方法的错误，也易造成伤害。如鞭腿，技术要求绷脚面，力点在脚背弓处或小腿胫骨下端，若把力点放在脚背的趾端，则大大地减轻了动作的力度，有时还会踢伤脚趾。

造成力点不准的原因有：一是动作外形上的错误，如该绷脚的却放松；该勾脚的却伸直。二是腕、踝等关节部位在用力的一瞬间紧张不够。三是动作运行路线的错误，如横踢做成斜上撩踢，力点偏至脚弓内侧。四是距离判断错误，对手距离较远，着力点落在脚的拇指上。诸如此类的错误，必须在平时训练中一丝不苟地抓好动作规格，多打移动靶和固定靶，体会动作的准确性，在实战中提高判断和运用的能力。

（4）预兆小。

所谓预兆，是指做动作前预先暴露了进攻意图。动作有预兆，这是搏击练习者普遍容易出现的错误。在比赛中，由于动作的预兆，对手一旦抓住规律之后，自己的进攻不但不能实现，反而会给对手创造进攻或反击的机会。

动作预兆有多种表现形式：出动作前有的习惯皱眉、咧嘴；有的先跳几下再击打；有的手、脚明显先回收再出击；有的打拳先动步；有的出动作前先转换重心、上体后仰等。克服动作预兆，首先要求在思想上高度重视，每学一个方法都要按照严格要求，最初应在教员或同伴的指导与监督下练习，有条件的可面对镜子练习，使动作正确进而巩固定型。

（5）方法巧。

顺其力而破之为巧，逆其力而破之为拙。拳谚说："四两拨千斤"，这就是用法之妙所在。搏击实战靠力量取胜固然需要，但以巧取胜则技高一筹。方法的巧妙，必须与攻击对手的时机，掌握对手的重心，控制动作的力度有机地结合起来，才能收到最佳的效果。例如，甲以右鞭腿进攻乙，乙若趁甲转体时，迅速用左侧踹腿阻击其腹部，甲左闪身以左摆拳直接反击乙的头部，很有可能将其击倒；或者在乙重心落在左脚的同时使用右勾踢腿反击，也能产生较好的效果。

4．防守技术

准确、巧妙的防守，一则能保护自己，二则能为更好的进攻创造条件。《拳经》说："守中善攻练家愁，严守只为攻。"防守是积极主动的，其目的是为了更好地进攻。

防守技术大体分为两类：一是闪躲防守，即通过身体姿势的变化或是步法的移动达到防守的目的。例如防守摆拳时，身体往下一沉躲过对手的拳。另一类是接触防守，即通过肌体的拦截达到防守目的。若对手以左踹腿进攻，我以左手外格挡防守等。两类防守技术有不同的特点，闪躲防守能充分发挥四肢的攻击作用；接触防守有较大的保险性，与前者相比较更容易做到。在实践中，根据不同的情况和目的，运用不同的防守技术，或者根据个人的擅长，侧重掌握不同的防守方法。

防守技术总的要求是对对手的进攻时间、运行路线、攻击方法和部位都要反应敏捷，判断准确，达到自动作出反应的程度。但两类不同的防守方法，其技术要求是有区别的。

（1）闪躲性防守要求时机恰当、位移准确、整体协调，不早不晚。闪躲过早，对手则转移进攻，晚了则有被击中的可能。故要求学生须具备较好的反应能力。

位移准确，是指躲闪对方的进攻时，身体姿势的改变或距离的移动要有高度的准确性。初学时，往往都会出现闪躲幅度过大或距离移动过远从而贻误战机的情形。

整体协调，是对身体协调性的要求。不论是前避后闪，还是左右躲闪，都必须注意整体性、一致性，如向下躲闪对方的拳法时，应由踝关节开始，膝、胯、腰、颈、头等关节都要同时弯曲收缩，协调如一才能收到好的防守效果。再如后闪，有的学生只是一味仰头，躯干和腿都不动，形成了躲头不躲身、不躲腿的错误。

（2）接触性防守要求防守面大，动作幅度小，还原转换快。防守面要大，在实战姿势中谈到，实战过程中也要立足于防一片，不要只防一点，尽力提高防守的成功率。例如左手拍挡对方的直拳时，大小臂的夹角要小，前臂近似垂直，使从头到腹部处在保护之下，对手的直拳高一点或低一点都能防守到。若把肘尖向外一翻，前臂呈水平状态，防守面就小多了，而且也容易防守落空。

动作幅度小，这是防守技术中不容易做到的，特别是缺乏实践经验的学生，由于紧张与恐慌心理的影响，更难做到。加之正确动作未定型，一遇到对手尤其是强手的进攻，就手足无措，只想迎挡对手而出现幅度过大的动作，结果影响了防守的准确性。防守动作幅度要小，应以防守的效果是否有利于反击为准，不能只因幅度小而失去了防守和反击的作用。



还原转换快，是指防守后转为进攻的时间间隔要短。如防左转防右、防上转防下，或者由进攻转防守等的变化过程。动作间的转化如何才能做到快，这与动作幅度和结构有关，幅度大则转换慢，结构不合理也影响转换的速度。合理的攻防动作结构应该是：打上防下、打下防上、击左护右、击右护左。既便于攻防的转化，也能给对手一种攻之有法、防之严密的畏惧感。

5. 防守反击

防守反击是一种复合技术，它是由防守与进攻技术组合而成的。反击技术运用成功与否，除正确、熟练地掌握防守与进攻技术，使其达到自动化程度外，还需把握防守反击的时机和培养防守反击的意识。

防守反击的时机：一是在对手将要进攻或已暴露迹象但未出击动作之前，如甲以垫步左踹腿进攻，乙在其倒重心、提膝时，迅速以左踹腿反击。二是在对手进攻落空尚未转入防守的瞬间，如甲以鞭腿进攻，乙躲闪，在甲腿落地的一刹那迅速上步，乙用勾踢腿踢其支撑腿的踝关节。

防守反击的意识，关键是要克服心理上的不利因素，有的学生在实战时缺乏自信，使用方法犹豫不决，往往错过了反击的时机。也有的由于胆怯，畏惧对手的进攻，一味退闪，消极逃脱等，这些都必须在训练中加以克服。



防守反击的形式有三种：一是先防守后反击。如对手鞭腿进攻，我格挡防守后再反击，“后发制人”。二是防守的同时施以反击。如对手以拳进攻，我俯身下躲的同时反击，“防中寓攻”。三是以攻代防。如对手以摆拳进攻，我以直拳还击对手胸部或头部，“以直破横，后发先至”。

## 二、搏击技术的应用规律

搏击技术在应用的过程中是有规律可循的。其动态规律，可总结为点、线、面、距四个方面。

1. 点

点是指使用方法的进攻点。武术历来就有“上三路，下三路”的“三盘”之说。头为上盘，躯干为中盘，下肢为下盘。躯干和下肢又可分为两点，躯干胸部为上，腹部为下；下肢大腿为上，小腿为下。实战中，从头到脚都有可能被攻击，上至腾空进攻，下至前扫、后扫、地躺打法等，使用动作的空间范围可以说达到了极限程度，进攻不同的点需要不同的技术。围绕进攻点的变化，要掌握与其相适应的进攻方法。例如从进攻方面讲，进攻哪个点容易得分，进攻哪个点是人体的薄弱部位，进攻哪个点对方易防守？针对对方身体的每一个部位，自己掌握了哪些进攻方法？自己擅长进攻哪几个点，还有哪几个点自己进攻能力差？点与点之间交叉轮换进攻的难度如何？组合连击中进攻点变化的技巧如何？从防守方面讲，对方采用不同的方法进攻自己的不同部位时，自己有没有相应的防守反击的方法等，这都要心中有数才能做到有的放矢。

搏击进攻和防守可以利用空间活动范围大的特点，在使用技术时尽量扩大进攻和防守的视野，增加观察、判断、反应的活动范围，提高学生无序动作操作思维的能力。抓住击点多变的技术规律，可以有的放矢地促进技术全面发展，充分体现搏击灵巧多变的技术风格。

2．线

线，是指技术动作中的运行线路。任何一个动作的完成都有路线轨迹，搏击虽然方法很多，总结起来，无外直线和弧线运动。

直线上的动作主要有直拳、蹬腿、踹腿等。直线动作的主要优点是运行距离短、幅度小、速度快。直线又可以分为左侧直线、右侧直线、正中直线、左斜直线、右斜直线、上斜直线、下斜直线等。目前使用直线动作时大部分都在正中线上运行。久而久之，习以为常，相应的防守和防守反击正中直线的能力同步加强，增加了进攻的难度。如果同一动作在以上所说的多条线上变化运行，增加了对方观察判断的难度，使其不易防守和防守反击，扩大了同一动作使用技巧和功能。研究同一动作不同运行路线、不同角度和高度的变化，可以促进搏击技术的丰富和发展。

弧线上的动作主要有摆拳、后摆拳、鞭腿、后摆腿、扫腿等。弧线动作虽然运行距离长、幅度大，但可以绕开对方的直线动作，以弧线破直线，还可以向两侧进攻。因为预备姿势正面防守比较严密，向两侧进攻可以突然袭击，达到“以迂为直”的效果。在技术训练过程中，应该充分发挥直线、弧线动作的不同作用，不断提高搏击技术的整体功能。

3．面

面，是指在实战时练习者不同的姿势状态。双方在互相攻防格斗动作转换的过程中，身体姿势的面会出现各种各样的变化，如正面、侧面、背面、前俯、后仰、转身等。

由于搏击预备的姿势是侧面面对对方，学生易养成侧面使用搏击技术的习惯。然而互相格斗时，有相当一部分动作不是侧面面对对方的情况，因此，如果缺乏身体各部位不同面向对方的进攻手段，每次出现这种情况时都要调整到预备姿势后再进攻，将会失去很多进攻得分的机会。

在训练中，应该加强侧面、背面、前俯、后仰、转身等不同姿势状态下进攻的能力培养，提高技术的应用能力。

4．距

距，是指双方所处位置的间隔距离。掌握距离变化规律和使用相应技术的能力，是提高搏击技术不可忽视的一个重要环节。同一个搏击动作，双方所处位置的距离不同，使用方法也各异。例如，踹腿距离远，可结合上步、插步、盖步、垫步等缩短距离的动作而发起进攻。若对方向前，则可后撤或转身做踹腿进攻。对方攻击，自己闪躲或退防时，闪躲的方向和退防的位置距离，原则上要便于自己使用反击动作。退得太近，躲闪不开；退得太远，躲闪后不便反击，浪费了一次进攻得分的战机。因此，不管是进攻还是防守，都要培养距离变化的感觉。距离变化掌握不好，即使反击也容易产生空击，无谓地消耗体力。

步法的变化和自身动作的调节，是培养距离感和提高搏击技术使用效果的主要途径。训练中，应改变单一点和等距离进攻的训练手段，多采用变换距离的动态练习方法。

## 三、搏击技术要求

搏击技术的总体要求可以归纳为快、长、重、准、稳、无、活、巧八个方面。

1. 快

快，是指完成动作在速度、速率方面的技术要求。拳谚说："快打慢"，"拳是流星"，"发腿如射箭"。只有快速地出击，才能达到"先发先中"和"后发先中"的打击效果。快表现在反应快、动作快和位移快三个方面。

反应快，即从观察、判断到操作动作，思维敏捷。主动进攻时，能寻找战机、制造战机，利用时间空当、动作空当，快速出击。防守反击时，对方欲动时就能准确知道他要发出什么动作，从而进行防守和防守反击，迅速转换战机。

动作快，即动作从起点开始启动，行动到击中目标，尽量在最短的时间内完成。在使用拳法、腿法、摔法和各种组合连招时，在保证质量的情况下，完成动作的速度与转换的速率要快。

位移快，即身体的移动要迅速。搏击的击打动作是在不断移动的动态中进行的，身体姿势状态移动的方向、距离、角度、位置要恰到好处，这是保证攻击动作效果的前提条件。身体位移主要是通过步法实现的。所谓"步不稳则拳乱、步是快则拳慢"讲的就是这个道理。

2. 长

长，是指完成进攻动作时，有伸展性的技术要求。长，表现了人体运动的生物力学特征，一个进攻性的动作，在重心、支点稳固的前提下，需要参与活动的各个关节尽量伸展，向前协调运动，这样既扩大了自己火力点的覆盖范围，又增加了对方发出动作的维度，这就是"一寸长，一寸强"的道理。

在技术训练过程中，不管是做空击练习，还是做击打沙包、手靶练习，都要求放长击远，形成良好的动力定型。

3. 重

重，是指完成动作力量方面的技术要求。搏击比较讲究"以巧取胜"，"以巧制力"，提倡技术型的打法。但是，这与动作需要攻力并不矛盾。巧，是对整体技术运用的能力而言；重，是对某个动作的力量而言。

搏击比赛实践证明，片面追求功力，不全面掌握搏击技术是不行的；掌握了搏击技术，动作没有功力也不行。巧与力各有各的功能，它们不是互相对立的，而是互相统一的。

搏击动作需要力量，在技术上要求其根在脚，转换于髋腰，达于拳脚，充分发挥自身的整合力。在力的表现形式上，要求有爆发力和聚合力，力戒僵力。

4. 准

准，是指动作的力点、参与运动的肌肉收缩是否准确地按技术要求。力点是击中对方的接触点，不同的动作有不同的力点要求，力点不准，不但影响动作的有效性，而且容易受伤。

任何动作都是以骨骼为杠杆、肌肉为动力完成的，每一个动作，参与运动的主动肌、被动肌和协同肌的收缩力都要求准确。该用力的肌肉用力，不该用力的肌肉不用力，做到机能节省化，并配合正确的呼吸方法，以力催力，做到准确无误。

5. 稳

稳，是指完成动作需要稳定的技术要求。在激烈的对抗搏击中，保持身体的稳定，必须考虑三个方面的因素：

（1）作用力和反作用力。作用力越大，反作用力越大，身体的重心不稳定，不利于控制反作用力。

（2）动作击中对方后会遇到阻力，在这种情况下，需迅速调整姿势状态和稳固重心，为发起下一个进攻或防守动作做准备。

（3）搏击技术虽然有“长”、“重”的技术要求，但必须是在保持身体重心稳固的前提下进行，并尽量避免出现偏移身体重心的现象，以免给对方造成“四两拨千斤”和“顺手牵羊”的机会。

6. 无

无，是指动作需要有隐蔽性、突发性和没有任何预兆的技术要求。所谓预兆是无意识的预先暴露进攻意图的附加动作，这是练习搏击者比较容易产生的错误。

常见的预兆动作有发力前的龇牙裂嘴、怒目瞪眉、呵呵发声，以及出拳出腿时先回收的习惯等等。即将发出动作之前，任何“欲动”都可以提示对方进行防范。因此学习搏击技术之初，应尽力克服预兆，以免形成错误的动作习惯。

7. 活

活，是指动作与动作之间快速灵活转换的技术要求。要实现动作的灵活转换，一定要保持正确的身体姿势，脚跟要微微提起，以保持弹性，便于移动；四肢肌肉适度放松，不要僵滞，便于快速启动；身体重心处于两腿中间，便于转换动作；下颌微收，头不偏不倚，中正安舒，便于大脑指挥，有利于完成动作的操作思维。

活的技术要求，不涉及练习者动作的操作能力、步法移动的范围、技术动作的容量和转换动作的能力等。

8. 巧

巧，是指运用技术时要达到方法巧妙的技术要求。搏击单个动作各有各的作用，符合搏击技术原理的每一个动作本身并没有巧妙与否之分。但由于搏击运动的完整性和随机应变性的技术特点，因而为搏击动作相生相克的巧妙运用提供了广阔的空间和丰富的内涵。

俗话说：“巧制力”，“巧制快”，“以巧取胜”。在运用搏击技术的过程中，要充分发挥搏击动作相生相克的功能，充分利用各种战机，并使用相应的方法，顺其力而破之，做到以最小的消耗得到最大的效果。

## 四、搏击的战术形式

搏击的战术形式，是指为了完成战术意图而由各种动作组成的具体方法。搏击以它丰富的技术内容和相生相克、相互制约、相互转换的技术规律，为多姿多彩的战术形式提供了先决条件。

### （一）强攻战术

强攻战术，是指硬性突破对方的防守后发出的攻击。运用强攻战术需要具备以下条件：

（1）力量、速度、耐力素质比较好，但技术不如对方时。

（2）身体素质好，技术比较全面，但比赛经验不如对方时。

（3）对方的近战能力比较差时。

（4）对方的耐力比较差时。

（5）对方的心理素质比较差时。

强攻不是盲目蛮干，而是通过强攻这一战术手段，扬己之长，实现打击对方的目的。

**（二）直攻战术**

直攻战术，是指在没有虚晃及假动作的掩护下，使用技术方法直接进攻对方。运用直攻战术必须具备以下条件：

（1）当对方的反应速度、动作速度、移动速度比自己慢时。

（2）当对方的进攻动作不够熟练时。

（3）当对方体力不足时。

（4）当对方的防守出现漏洞时。

（5）当对方的距离能有效地使用进攻动作时。

**（三）防守反击战术**

防守反击战术是指待对方进攻后，在防守的过程中或防守后，利用自己反击能力较好的特点，给予有力的回击。运用防守反击战术应具备以下条件：

（1）对方技术动作比较单一。

（2）对方性情急躁，缺乏比赛经验，喜欢猛冲猛打。运用防守反击战术时，可以以防守反击为主、主动进攻为辅，以主动进攻掩盖自己反击战术意图。刺激对方，使其更加急躁，为反击战术创造条件。



**（四）制长战术**

制长战术是采用相应的方法克制对方的技术专长，使其不能正常发挥的战术形式。每一名搏击练习者都有自己的技术专长，也就是制胜的主要方法，如何针对对方专长制定战术，使其专长不能发挥，从而被迫采用其他动作，这无疑起到制彼所长的作用。运用制长战术的条件：

（1）克制善于近身打法（肘、膝、摔）的对手。

（2）克制善于用拳法的对手。

（3）克制善于用腿法的对手。

（4）克制善于用重拳、重腿的对手。

（5）克制善于主动进攻的对手。

（6）克制善于防守反击的对手。

（7）克制能攻能守、技术全面型对手。

**（五）制短战术**

制短战术是指在实战中集中力量专门进攻对方的薄弱环节，制其所短。每一名搏击练习者在具备优点的同时也相对有自己的弱点和不足，实战中要善于发现其弱点，如有的学生防守能力差，有的学生进攻能力差，有的学生耐力能力差。了解对方缺点有以下几个途径：

（1）通过观察对方训练或实战。

（2）通过实战中试探性的进攻来判断对方的弱点。

（3）实战中通过观察。或向与其交手的队友询问。

了解对方的弱点后制定相应的战术，以我之长克制对方之短处，从而夺得比赛胜利。

**（六）佯攻战术**

佯攻战术也称为假动作战术，即比赛中有目的地利用假动作造成对方错觉，把对方引入歧途，实现真实进攻。佯攻战术也是搏击比赛中最常见的战术之一。运用佯攻战术应具备的条件如下：

（1）对付反应快、防守能力强的对手。

（2）直接进攻遭对方防守反击或阻击时，利用假动作声东击西，分散对方的注意力，趁机攻击其防守空当部位。

**（七）迂回战术**

迂回战术是指利用步法移动从侧面进攻对方。迂回战术运用的条件如下：

（1）对方力量较大，速度快，正面进攻较为凶猛，难以防守。

（2）对方集中注意力进行正面防守时。

运用迂回战术时，要注意移动的方向、角度、距离，避其锋芒并制造进攻时机，还要注意步法的灵活性。

**（八）技术战术**

技术战术是指利用全面、熟练、有效的特点，综合运用各种技术达到发挥自己的得意技术，控制场上的主动权，抑制对方的进攻，从而取得比赛的胜利。技术战术运用时应具备以下条件：

（1）自己的技术必须全面、熟练、有效。

（2）比赛时头脑要冷静。

**（九）多点战术**

多点战术，是指进攻点立体交叉，全方位地攻击对方。当对方的技术水平达到一定的程度时，采取单一方法进攻容易被防范，则应采用上、中、下，正面、侧面，拳法、腿法、肘法、膝法或摔法的多点战术，不断地变化进攻方法，以最大限度地分散对方的防守注意力，使对手防不胜防，自己牢牢地掌握主动权。

实施多点战术要求学生技术全面，头脑清楚，并有较好的灵活性和动作转换的协调能力。

**（十）重创战术**

重创战术，是用大力量打击对方，使其失去战斗能力。实施重创战术需要具有一定的身体技术条件。当自己的攻击力量和技术比对方好但耐力差，或者攻击力好而技术不如对方，或者在比分落后的情况下，或者由于其他因素不能打持久战时，在允许的范围内，寻找、制造机会，用重拳或重腿打击对方，使其身体及心理受到震慑，失去继续比赛的信心和能力。

实施重创战术，一是自己的拳法、腿法、肘法、膝法要有较大的击打力，二是要准确、果断、迅速、有力地打击对方抗击能力差的部位，但不能违反要求和有意伤人。

**（十一）突袭战术**

突袭战术，是针对对方无意识的习惯动作，采用相生相克的方法进攻对方。搏击比赛时，只要留心观察，就会发现对方无意识地表现出一些习惯动作。例如，有的运动员提膝抬腿，习惯将身体重心放在前腿上；又如，在一个回合的进攻中，裁判员并没有发出“停”的口令，而双方都停止了进攻，自然分开，然后准备下一回合的较量，这是一种典型的动态习惯。如果利用这个习惯，当对方停止动作时，突然发出进攻，出其不意、攻其不备，打他个措手不及，可达到突然袭击的效果。

采用突然袭击战术，需要不断地观察和捕捉对方的习惯动作，然后制定具体的突袭战术行动方案；平时要加强训练，以便掌握突然袭击战术所必备的技术和身体素质。

**（十二）体力战术**

体力战术，是通过合理的体力分配以取得胜利的战术方法。实战中，体力消耗较大，采用体力战术，就是在实战中，合理地分配体力，既不虎头蛇尾也不一味保守。实战中如何分配体力要根据对方的情况来定。如果对方技术较弱，可以保持体力以技术取胜；如果对方技术较好，可以采取消耗对方体力的打法取胜；如果双方实力相当，要有打持久战的准备；如果一方耐力较差则应打体力消耗战，连续进攻不给对方喘息机会，迫使其体力下降以此获胜。

**（十三）心理战术**

心理战术，是通过一些特定的方式和措施，给对方造成心理上的压力，从而取得胜利的方法。心理战术形式多样，如赛前隐瞒实力，麻痹对方；漏出破绽，造成对方的错觉；激怒对方或松懈对方的斗志等。实战中的重创战术、强攻战术、佯攻战术、制短战术、制长战术等，都具有心理战术的因素，其目的就是迫使对方紧张、恐惧、气馁，从而失去比赛的信心，导致失败。

**（十四）对付高个子对手的方法**

高个子对手具有身高、臂长、腿长的特点，在远距离攻击上占有优势。可采用灵活的步法移动和假动作，找机会贴近对手，发挥自己的特长，把握合适的攻击时机，给对方有效的打击。同时要注意多进攻对方的下肢目标，如小腿、大腿等。

**（十五）对付矮个子对手的方法**

与高个子对手相反，矮个子对手在远距离进攻很难奏效，因此在实战中矮个子对手总是想方设法向前靠近，使用近距离的拳法或摔法进攻。在这种情况下应与对手保持距离，使用直线形拳法、腿法截击对方的进攻。当对手靠近时，应运用灵活的步法，快速移动与其保持距离，不给对手进攻的机会，同时发挥自己的长处给予对手有力的打击。

## 项目二　搏击战术的训练方法

### 一、战术训练的基本要求

1. 努力培养战术意识

培养战术意识是战术训练的中心环节。比赛中的战术运用要靠赛前了解情况，制定战术方案，靠教员的临场决策指挥，更重要的是在瞬息万变的情况下，靠学生的独立作战能力、战术思维能力和战术应变能力等。因此，在训练教学过程中，要通过各种途径使学生学会比较、分析、综合判断，促进战术意识水平的提高。

2. 基本战术与多种战术相结合

在战术训练中，首先要学生精练几套基本战术，这样学生才能在临场比赛中根据战局的实际灵活运用。除基本战术外，还应根据自己的特点，确立对待不同对手的几套特殊战术的方案，以适应各种情况的需要。在战术训练中，既不能华而不实，只求多而不求精，也不能让战术训练过于简单化。

3. 要重视战术训练的质量

在战术训练中，不光要求学生全面地掌握战术训练形式的具体使用方法，而且要求在实施过程中保证较高的质量，并严格按照实战的要求去训练。战术动作的力量、速度、时机、判断、反应节奏、方向、距离和角度等，都应保质保量地去完成。

4. 战术训练要与其他训练相结合

战术训练与身体训练、技术训练、心智训练有着密切的关系。身体素质训练、技术训练、心智训练是战术训练的基础，而战术训练又是前者综合能力的反映和延伸，在训练中要科学地安排，协调地发展。

## 二、战术训练的方法

1. 假设性训练

设想对方各种不同的打法，“身临其境”，假设性地运用相应的打法形式。如设想对方采用“主动进攻”，我即可用相应的“反击战术”而破之。这种训练可以一个战术反复练习，也可以多种战术练习；可以单法练习，也可以配套练习。如先“诱攻反击”，接着“快击连打”；或者先用“主动进攻”，然后强攻硬取。总之，可以设想各种情况进行空想攻击，也可以利用沙包、树干、假人等目标，采用佯攻巧打，或闪躲进攻从而击中目标。这种假设性训练的方法，主要目的是培养战术意识，掌握各种战术的具体用法。

2. 战例分析训练

具体做法是从比赛录像中选择一些反映战术特点和应用战术较典型的片段，组织学生观看。典型片段可选择战术运用好的，也可以选择战术运用不好的，借助影音的直观印象，启发学生的综合分析能力，研究在战术运用中的特点和问题，制订方案，实施贯彻。

3. 战术分解训练

一种战术形式一般要由几个技术动作组成，为了使每一个技术动作掌握得牢靠扎实，可先分解进行训练，有一定技术质量后，再进行完整的战术形式训练。例如，练习指上（前手直拳）打中（斜撞膝）的佯攻战术，第一步先练习出直拳，目的是为了先行造势，引起对方的注意和反应；第二步联系撞膝，要求撞膝突发，快速有力；第三步，把上步直拳与撞膝连起来完整练习，掌握正确的动作节奏。

4. 模拟训练

模拟训练是教员（或同伴）根据不同战术训练的要求选择针对性动作，陪练练习的一种方法。例如，模拟主动进攻型的对手，模拟防守反击型的对手，模拟重拳重腿的对手，模拟擅长拳法的对手，模拟擅长腿法的对手，模拟擅长摔法的对手以及模拟比赛中的各种特殊情况等。模拟训练要求模拟者动作逼真，提高练习者的适应能力和战术运用能力。

模拟训练应逐步加大难度。可由慢到快，虚实结合，由固定到活动，由单一的打法到多种打法，逐步增加难度，以提高诸种战术的运用能力。

5. 条件实战

根据战术训练的需要，按教员规定的内容或动作进行对抗战术训练。其方法是有效限制进攻或防守动作的实战对抗、限制击打力量的实战对抗、限制击打部位的实战对抗等，不管条件实战如何规定内容，其着眼点都应该把重点放在培养练习者的战术意识和战术运用能力上。条件实战，教员应视情况随时叫暂停，分析练习战术运用情况，指出问题，提出新的目标和任务。组织方法可固定对手，也可根据需要轮流“坐庄”。

6. 实战比赛

实战比赛的条件和环境应按照竞赛规则的要求，训练和培养学生运用战术的能力，丰富临场比赛经验，并可根据比赛需要，安排有特定条件的对抗实战。如不同体重级别、不同技术水平的对抗比赛，一场三局每局轮换一个比赛对手等。

“既得艺，必试敌”。实战比赛是训练和检验战术运用效果的唯一手段，应及时进行总结，养成研讨战术的良好习惯，牢固地树立战术观念。

单元七

# 擒拿格斗技术与擒敌拳

擒拿是以徒手的方式，运用搏击中的踢、打、摔、拿，将对方制服或擒住的技术。它是解放军、警察及其他从事社会治安的工作者首先要掌握的专业技能。这种技能在抗击暴力和防身自卫的过程中，逐渐形成了自身的特点。它的动作简练、实用、朴实无华；击打要害，一招制胜；反拿关节，易于擒获；攻防兼备，巧于变化。

## 项目一　主动擒拿技术

### 一、由前擒拿

1. 击腹别臂

我由前接近对方，迅速以左直拳猛击对方腹部；趁对方疼痛收腹之际，我左小臂从对方手臂内侧穿过，同时右手由上扳住对方手肘向内怀里拉；随即左手抓住对方大臂猛力下压，将对方制服（图 7－1－1～3）。

要求：距离适当，出拳猛，拉肘别臂要快。

图 7－1－1

图 7－1－2

图 7－1－3

2. 抓腕砸肘

我由前接近对方，左手（虎口向前）迅速抓住对方左手腕；迅速左后转体的同时，右小臂猛砸对方肘部，将对方制服（图 7－1－4～5）。

要求：抓腕准，转体快，砸肘狠。

图7－1－4

图7－1－5

3. 击头锁喉

我由前接近对方，乘对方不备，左手迅速抓对方左手腕后拉，随即顺势左转体以右直拳猛击对方头部；再以右铲脚猛铲对方左腿后膝关节，乘对方后仰之际以锁喉动作将对方制服（图7－1－6～9）。

要求：动作连贯，迅猛有力。

图7－1－6

图7－1－7

图7－1－8

图7－1－9

4. 抓腕截击

我由前接近对方，乘对方不备，迅速以右手抓对方右手腕，在右手拧腕上拉的同时，迅速以右截击腿猛前戳对方右腿后膝窝，两手折腕外拧将对方制服（图 7－1－10～12）。

要求：抓手快、准，截击狠。

图 7－1－10

图 7－1－11

图 7－1－12

## 二、由后擒拿

1. 踹腿锁喉

我由后接近对方，以右脚猛力踹对方膝窝；趁对方后仰下跪之际，右小臂猛锁对方喉；左手抓住自己的右手腕，用力回拉下压，将对方制服（图 7－1－13～15）。

要求：踹腿猛，锁喉狠。

踹腿锁喉变化动作：锁住对方颈后，如对方反抗造成回拉下压困难，我则可迅速肩顶对方头；左后转体，将对方摔倒，迅速骑压锁喉制住对方。

图 7－1－13

图 7－1－14

图 7－1－15

2. 抱腿顶摔

我迅速接近对方背后，两手抱住对方双膝；以两手后拉和肩顶臂部之合力将对方摔倒；迅速上步骑压对方腰，右手从对方颌下穿过，以下臂猛锁对方喉，左手抓住自己右手腕，迅速上提，身体下坐，左手锁喉，右手按头用中指、食指抠对方双眼（图 7－1－16～19）。

要求：抱膝后拉肩顶要协调一致，上步骑压快，锁喉要狠。

图 7－1－16

图 7－1－17

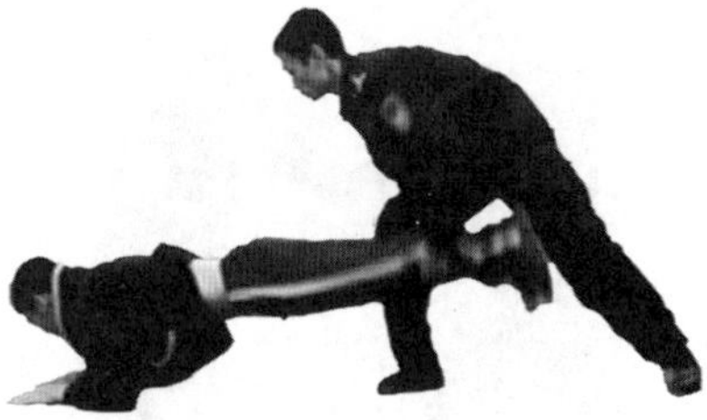

图 7－1－18

图 7－1－19

3．穿臂锁颈

我由后接近对方，迅速以右振拳猛击对方腰（肾）部；趁对方疼痛之际，我双手猛力由后插入对方腋下，将对方双臂向前上挑起；双手经对方面至脑后，猛力叠压，下按对方后脑，两臂上提，身体后仰、腹部前挺将对方制服（图 7－1－20～22）。

要求：振拳要狠，穿臂上提下压要快。

图 7－1－20

图 7－1－21

图 7－1－22

4．拉臂铲击

我由后接近对方，乘对方不备，双手迅速抓住对方左右手腕并迅速向后拉；同时迅速起右腿猛力向前铲击对方后膝窝，将对方制服（图 7－1－23～26）。

要求：隐蔽，抓腕后拉快，铲击猛。

图 7－1－23

图 7－1－24

图 7－1－25

图 7－1－26

## 项目二　被动擒拿技术

### 一、防拳擒拿

1. 卷腕跪肋

成格斗式，当对方以右直拳攻击我时，我左脚迅速向左前滑步右闪身，同时左手抓住对方右手腕，右手托抓对方拳背；左转体的同时两手合力卷腕外拧对方手臂将其摔倒；以右膝猛力下跪对方肋部，将其制服（图 7－2－1～5）。

要求：上步闪身快，抓腕准，外拧卷腕有力。

图 7－2－1

图 7－2－2

图 7－2－3

图 7－2－4

图 7－2－5

2. 抱臂背摔

在格斗中，对方用右摆拳向我头部攻击，我迅速左闪身的同时，左手抓住对方右臂，右脚迅速横上一步于对方右脚前，两腿微曲成马步，上体前倾，同时我右臂从对方腋下穿过上挑抓臂；左手用力拉紧其臂，右臂猛扛对方右臂，将其摔倒后，起右脚猛踏对方肋部，将其制服（图 7－2－6～9）。

要求：挡抓要准，抱臂要紧，前摔要猛，踏肋要狠。

图 7－2－6

图 7－2－7

图 7－2－8

图 7－2－9



3. 挟颈过背

在格斗中，当对方用右直拳（或侧击拳）向我攻击时，我迅速闪身的同时左手挡抓其右臂；我右脚迅速横上一步于对方右脚前，两腿微屈成马步，上体前倾，猛力向左下弯腰转体，以臂部撞击其小腹，将其摔倒；迅速膝撞对方肋，两手折其右肘关节，将其制服（图 7－2－10～13）。

要求：上步要快，挟头要紧，拉臂、顶腹要猛，撞肋要狠。

图 7－2－10

图 7－2－11

图 7－2－12

图 7－2－13

4．插裆扛摔

在格斗中，当对方用右直拳向我头部攻击时，可左手挡抓其右臂，右拳猛击对方面；右脚迅速上步弯腰，右手插击其裆；左手用力下拉对方右手，右手抱住对方腿上挑稍向左转身的同时，猛力挺腰，将对方从我肩上摔过；起右脚猛踏其肋，将其制服（图 7－2－14～17）。

要求：击面要快，下拉上挑与转身挺腰要协调一致，踏肋要猛。

图 7－2－14

图 7－2－15

图 7－2－16

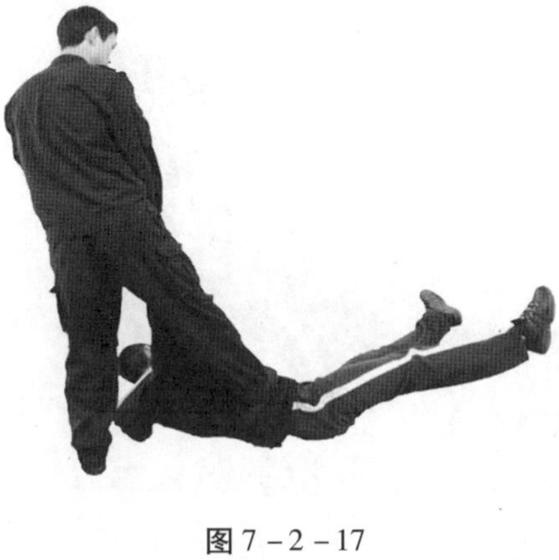

图 7－2－17

5. 挡抓扼喉

在格斗中，当对方以左脚上步右直拳攻击我时，我迅速闪身的同时，以左手挡抓其右手臂，迅速上右腿猛绊对方右腿，同时右手扼喉；右腿、右手协力猛转体将其摔倒，然后施以柔道技术中的腕挫十字固，左手下压对方肘，将其制服（图 7－2－18～23）。

要求：绊腿要快，扼喉要狠，重心要稳。

图 7－2－18

图 7－2－19

图 7－2－20

图 7－2－21

图 7－2－22

图 7－2－23

6. 踢裆携臂

在格斗中，当对方用右侧击拳攻击我头部时，我闪身的同时，左手挡抓对方右臂；起右脚猛力弹踢其裆；右脚落地，右臂猛力上挑对方肘关节；右后转身左脚上步，以携臂动作将其制服（图 7－2－24～27）。

要求：挡抓准，踢裆狠，携臂迅速有力。

图 7－2－24

图 7－2－25

图 7－2－26

图 7－2－27

## 二、防腿擒拿

1. 掀腿压颈

在格斗中，当对方以右鞭腿进攻我时，我迅速以左手由下向上搂抄；右脚掌用力猛踢对手左脚胫骨部位，同时右手拍击对方脑后，向右后方发力，将其摔倒（图 7－2－28～32）。

要求：抄抱准，踢腿及拍头要协调一致。

图 7-2-28

图 7-2-29

图 7-2-30

图 7-2-31

图 7-2-32

2. 翻膝别腿

格斗时，当对方以右鞭腿攻击我时，我迅速以左手由下向上抄搂，同时右手抓住对方右腿膝关节向怀里猛拉；左手挟紧对方小腿向前下方推压，迫其转身趴下；双手合力拧折踝关节，别其膝关节，将其制服（图 7-2-33~38）。

要求：抄抱紧，翻膝快而狠，别踝紧。

图 7 -2 -33

图 7 -2 -34

图 7 -2 -35

图 7 -2 -36

图 7 -2 -37

图 7 -2 -38

3. 下拉上托

当对方以右正蹬腿攻击我时，我双手迅速前抄抱其右脚；双手用力向右后拉带其右腿，然后再猛力抬起对方腿向后掀，将其摔倒；跟上一步右脚踏制住对方（图 7 -2 -39 ~42）。

要求：抄抱准，上托有力。

图 7－2－39

图 7－2－40

图 7－2－41

图 7－2－42



4．绊腿跪裆

当对方以右鞭腿攻击我时，我左脚迅速上步，同时双手侧抄抱其右腿；右脚前伸插入对方左腿后，用力绊腿，同时右手掐其喉部往前插，利用手脚合力将其摔倒；右膝顺势跪其裆部（图 7－2－43～46）。

要求：抄抱准、紧，别摔动作迅速、连贯、有力。

图 7－2－43

图 7－2－44

图 7－2－45

图 7－2－46

5. 涮摔踏胸

格斗时，当对方以左踹腿攻击我时，我迅速以双手前抄抱，并同时向右下方拉带涮腿，将其摔倒；跟上一步右脚踏胸制住对方（图 7－2－47～51）。

要求：抄抱准，涮摔动作迅速、连贯、有力。

图 7－2－47

图 7－2－48

图 7－2－49

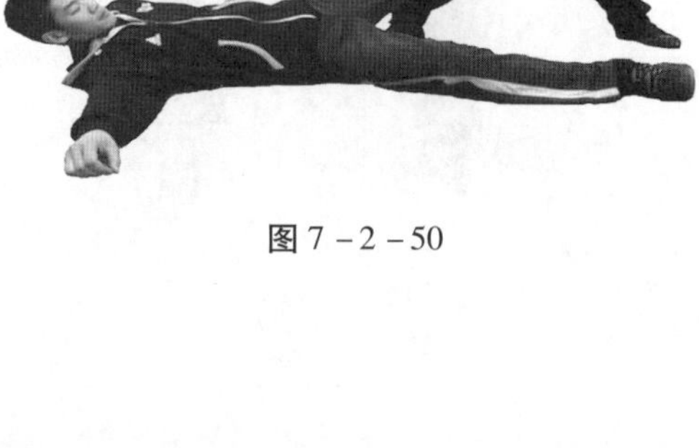

图 7－2－50

图 7－2－51

6. 前绊别踝

格斗时，当对方以右侧踹（或右正蹬腿）攻击我时，我左脚迅速向左前上步右闪身，并顺势右手由下向上搂抄其右小腿，继续右转身的同时左脚前插入对方左腿前别绊其腿，将其绊倒，双手合力别踝制住对方（图 7－2－52～56）。

要求：上步闪身快，抄抱紧，转身别绊动作连贯有力。

图 7－2－52

图 7－2－53

图 7－2－54

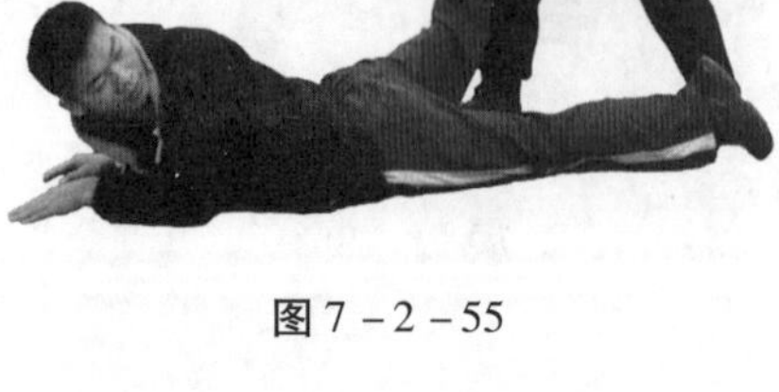

图 7－2－55

图 7-2-56

# 项目三　解脱技术

## 一、解脱技术的要求

解脱技术是破解对方对自己控制的技法。实战中，经常使用的控制方法有抓、拧、缠、锁、撩、夹、别等。控制的特点是贴身近战、反折关节、攻击要害。

被对方控制后，有多种解脱的方法：使用打法实施解脱；使用摔打技术实施解脱；使用反关节技术实施解脱。各种解脱方法，各自适用于不同的情况，并且会产生不同的效果，使用时也都具有各自不同的特点。在实施解脱时要注意以下几个方面：

1. 正确选择解脱的方法

要正确选择解脱的方法，首先要对各种方法有一个基本的了解，然后再根据实际情况，正确选择具体的方法。

（1）使用打法实施解脱。是指以拳、腿、肘、头等部位进行击打，达到解脱的目的。主要针对身体素质与自己相同或较弱的对手。其特点是简洁、快速、直接、容易奏效。使用打法进行解脱，除非是在击打对方要害部位的情况下，可以将其制服，使其丧失抵抗能力，一般情况下，只能达到单纯的解脱目的，不能将其制服。

（2）使用摔打技术实施解脱。是指以摔法和打法相结合来摆脱控制的方法。适合对付身材高大、凶猛的对手。其特点是摔打结合，使对方败势明显，不仅可以摆脱控制，还可以在心理上对其造成强大的压力。在将对方摔倒后，实施攻击，造成一定的伤害。

（3）使用反关节技术实施解脱。是指通过拎、压、别、砸、挑等手法对身体的关节实施控制或打击，从而达到解脱的目的，也称为反擒拿。适合用于对付各种类型的对手。其特点是方法巧妙，在摆脱控制的同时，可以反过来将对手控制住或造成伤害。但其在实战运用时有一定的难度，不仅要求技术动作掌握得熟练，而且，动作运作的时机也要拿捏得相当准确，尤其是要具有很强的应变能力。

2. 争取一次解脱成功

提醒自己，解脱的机会只有一次。这虽然不是绝对的，但在使用动作前，如果有这样的意识存在于头脑中，行动就会谨慎，时机把握也会准确，成功率也会提高。一旦失败，对手出于本能，进行反击，会突然加大控制的力度或击打要害部位，后果不堪设想，轻则致伤、致残，重则致命。因此，解脱时要力争一次成功。

3．恰当选择破解时机

在一个控制方法的完成过程中，可能会出现两次或三次的破绽，因此，破解的机会也不仅仅是一次，要准确、快速地抓住其露出的破绽，迅速进行反击。如果失去第一次机会，就要抓住第二个破绽，进行反击。一定不要在被对方绝对控制住后，再使用动作，那样做会毫无效果，只能使自己变得更加被动。因为，虽然有些控制方法在完成以后，由于技术的关系，也存在破解方法，但有些控制方法完成后，就无法破解了。因此，一定要抓住动作的重要关节点实施解脱。

4．把握伤害尺度

一般性质的抓握，如果伤害性质不严重，可使用一般的技法，以单纯的解脱为目的。对于严重伤害、危及生命的控制，危险的程度越高，解脱的方法越要狠，以便达到快速、直接、有效的解脱。例如，倒地后被对方双手猛力卡掐咽喉部位，如果此时采用一般的方法进行解脱，没有成功，拖延了时间，随时都存在窒息死亡的可能，情况十分危急。如果抓住时机，以两指猛戳敌目，不但省力，而且快速有效。

## 二、对各种控制的解脱方法

1．手腕被抓的解脱

（1）对方右手抓我左手腕。解脱方法：左手由拳变成八字掌，小臂上抬与地面平行，虎口向前，右手用力抓住对方右手掌背部，防其抽手逃脱，左手向上抓握其手腕的同时双手协力向右侧拧其小臂，迫对方向左侧转体，右脚向右侧迈一大步成右弓步，右手向前推其掌背，迫其跪地，解脱并将其制服（图7－3－1～6）。

图7－3－1

图7－3－2

图 7－3－3

图 7－3－4

图 7－3－5

图 7－3－6

（2）对方左手抓我右手腕。解脱方法：左手抓握对方左手掌背部，防其脱逃，右拳向下，肘向上，将小臂竖起，右脚向右前上一大步，成右弓步的同时以右肘向下压其左肘关节，解脱并将对方制服（图 7－3－7～11）。

图 7－3－7

图 7－3－8

图 7－3－9

图 7－3－10

图 7－3－11



（3）对方右手抓我右手腕。

解脱方法一：左手迅速紧扣对方右手背，稍向内带；右手由下向上挑，四指紧扣其右小臂，猛力向下切其手腕，将对方制服（图 7－3－12～14）。

图 7－3－12

图 7－3－13

图 7－3－14

解脱方法二：左手抓住对方右手掌背部，右肘向前，立小臂，以右手腕外侧向前推压其大拇指，左手向左侧拧其右手，迫使对方松手，双手同时抓住右手向外拧，卷右手腕，左脚后撤一步，成右弓步的同时双手用力向后拉其右手，解脱并将其制服（图 7－3－15～20）。

图 7－3－15

图 7－3－16

图 7－3－17

图 7－3－18

图 7－3－19

图 7－3－20

（4）对方双手同时抓握我右手腕。

解脱方法一：右脚向前上步，靠近对方身体，右手掌指尖向下，沿其腹部向下插掌，向右侧伸掌，指尖向右侧，掌心向前，使对方臂交叉；继续向上翻掌，成立掌，掌心对准对方胸口，左手抱腰部向后拉的同时右掌向前推压其胸部，迫对方身体失去重心，再以左手后拉、右手前推之合力将其摔倒（图 7－3－21～26）。

图 7－3－21

图 7－3－22

图 7－3－23

图 7－3－24

图 7－3－25

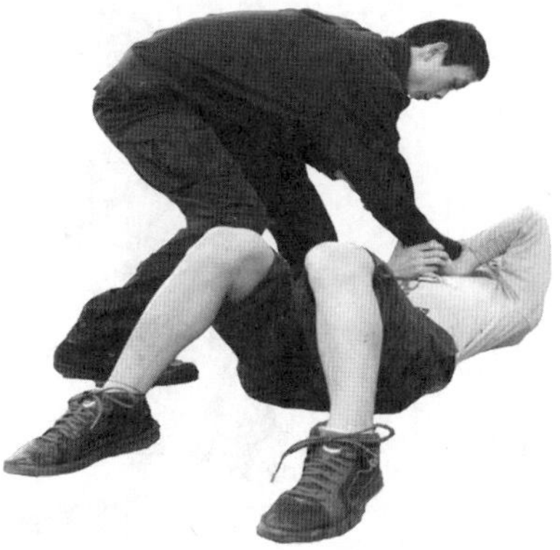
图 7－3－26

解脱方法二：左小臂由下向上插入对方两臂之间，右脚朝右后方向迈一大步，成右弓步的同时左臂以杠杆的力量向右别其两臂，完成解脱（图 7－3－27～31）。

图 7－3－27

图 7－3－28

图 7－3－29

图 7－3－30

图 7－3－31

解脱方法三：左手抓右拳，立右小臂，大臂向上抬，完成解脱（图 7－3－32～35）。

图 7－3－32

图 7－3－33

图 7－3－34

图 7－3－35

（5）对方双手同时抓住我两手腕。解脱方法：右脚向前迈一大步，成右弓步的同时双掌沿对方腹前向下插掌，双掌指尖向下，两臂外展，向外翻掌成立掌，以两手掌外侧由上向下压其手腕，完成解脱；两掌同时向内侧快速击打对方双耳，将其制服

（图 7 –3 –36 ~40）。

图 7 –3 –36

图 7 –3 –37

图 7 –3 –38

图 7 –3 –39

图 7 –3 –40

2．头发被抓的解脱

（1）单手正面抓我头发。解脱方法：我迅速以左手扣按对方手背，同时起右脚猛弹踢对方裆部，乘其疼痛收腹弯腰之际，再以右手猛力向内扳拉其肘关节，以折腕压肘动作，将其制服（图 7 –3 –41 ~44）。

图 7－3－41

图 7－3－42

图 7－3－43

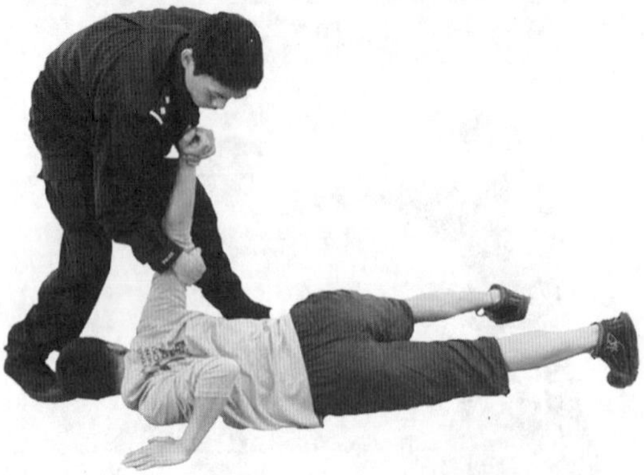

图 7－3－44



（2）对方单手背面抓我头发。解脱方法：我迅速以右手紧扣对方手背；左脚后撤一步的同时，左肘猛击其肋；左手抓住对方小臂，弯腰转体，低头前顶，两手猛力折腕下压将其制服（图 7－3－45～48）。

图 7－3－45

图 7－3－46

图 7－3－47

图 7－3－48

3. 脖颈被扼的解脱

对方双手正面掐我颈部（图 7－3－49）。

图 7－3－49

解脱方法一：以两小臂内侧由外向内快速击打对方肘部，反其肘关节，乘对方疼痛之际，两小臂压于其两肘关节处，两小臂向下、向内压其肘关节的同时上体前倾，将对方双臂固定于胸前，迫其跪地，右膝向前猛顶对方心窝，解脱并将其制服（图 7－3－50～52）。

图 7－3－50

图 7－3－51

图 7-3-52

解脱方法二：双手十指交叉握拳，由下向上，以两小臂外侧用力撞其小臂，将对方臂打开，两手用力向下砸其鼻，完成解脱（图 7-3-53~55）。

图 7-3-53

图 7-3-54

图 7-3-55

解脱方法三：右手抓对方左手腕，左掌由下向上托其右肘关节，右脚向右侧上一步的同时向右后转体，右手向右侧拎、向后拉其左手腕，左手推压对方右肘关节，右脚向前垫步，左脚置于对方左腿外侧，动作不停，继续向右后转体的同时左脚猛绊其右腿，将其摔倒，完成解脱（图 7－3－56～59）。

图 7－3－56

图 7－3－57

图 7－3－58

图 7－3－59





4．腰背抱的解脱

对方由后抱我腰时，分为以下三种情况。

（1）对方双脚分开前后站立（图 7－3－60）。

图 7－3－60

解脱方法一：以后脑勺快速向后撞对方面部，乘对方后仰躲闪之际，双手向下抓其右脚踝关节，用力向上抬其脚，臀部向下坐对方大腿，将其摔倒，向左转体，以左脚猛蹬其裆部，将其制服（图 7-3-61~64）。

图 7-3-61

图 7-3-62

图 7-3-63

图 7-3-64

解脱方法二：左脚用力跺对方右脚背，乘对方弯腰之时，右拳向后猛击其面部，乘其疼痛之际，摆脱控制（图 7-3-65~66）。

图 7-3-65

图 7-3-66

（2）对方双脚左右分开站立（图 7-3-67）。

图 7－3－67

解脱方法：身体迅速下蹲，成马步，保持好身体平衡，双手抓握对方双手，将其两臂固定住，身体用力向右转动，并带动对方身体转动，将其摔倒的瞬间用力砸其胸腹部，完成解脱（图 7－3－68～69）。

图 7－3－68

图 7－3－69

（3）对方将我两臂固定住（图 7－3－70）。

图 7－3－70

解脱方法一：左拳向后击打其裆部，乘对方弯腰之时，以左肘向后猛击对方腹部，完成解脱（图 7 –3 –71 ~72）。

图 7 –3 –71

图 7 –3 –72

解脱方法二：双手由下向上抓抱对方双手，右脚向后勾住对方右腿，可以防止被其抱起，右脚用力向上勾其腿，上体向后仰，将对方摔倒，完成解脱（图 7 –3 –73 ~74）。

图 7 –3 –73

图 7 –3 –74

解脱方法三：两臂用力向前抬起使对方臂松脱，右拳向后猛击对方裆部或腹股沟部位，左手抓其右手腕，右手向上反抓其右肩，双手用力向下拉对方臂的同时以臀部向上挑其腹部，将对方由后向前经肩上方摔出，完成解脱（图 7 –3 –75 ~78）。

图 7－3－75

图 7－3－76

图 7－3－77

图 7－3－78



5．衣领被抓解脱

（1）对方单手由后抓我衣领（图 7－3－79）。

图 7－3－79

解脱方法：对方由后右手抓住我后衣领时，我迅速以左手向后扣按对方手背；左脚向前上步的同时右转身，右臂立肘由外向内猛击其肘关节，重创对方肘关节，解脱制住对方（图 7－3－80～82）。

图 7－3－80

图 7－3－81

图 7－3－82

（2）对方单手正面反握抓我衣领（图 7－3－83）。

图 7－3－83

解脱方法一：我右手迅速向内扣握对方的手，并向下按压对方手外侧，使其屈肘；随即，左脚上步的同时，左臂由侧面猛挑其肘，将其制服（图 7－3－84～85）。

图 7－3－84

图 7－3－85

解脱方法二：我迅速以双手四指扣紧对方拳心，大拇指抵住其拳背，接着右脚往其右后方上步，使对方手臂外翻，将其制服（图 7－3－86～88）。

图 7－3－86

图 7－3－87

图 7－3－88

（3）对方单手正面正握抓我衣领时（图 7－3－89）。

图 7 - 3 - 89

解脱方法：我迅速以右手扣握对方手背，同时左拳猛击对方肘部；上体迅速向右转，猛力下压折其腕；随即左手推压其肘的同时，左腿猛力后绊其右腿，并迅速向右下转体，将对方摔倒；折腕压肘将其制服（图 7 - 3 - 90 ~ 92）。

图 7 - 3 - 90

图 7 - 3 - 91

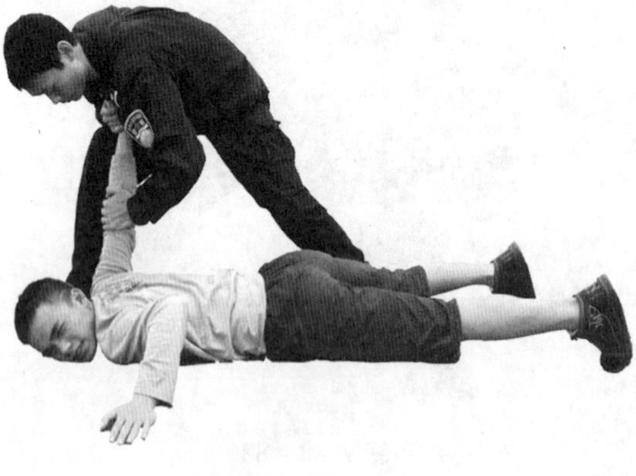

图 7 - 3 - 92

# 项目四　09式擒敌拳（以下简称擒敌拳）

## 一、擒敌拳的手型、步型

1. 手型：拳、掌、虎爪

（1）拳。动作说明：五指依次卷紧，大拇指扣于食指与中指的第二指节（图7－4－1）。要点：拳握紧，拳面平，直腕。

（2）掌。动作说明：四指伸直并拢，大拇指弯曲紧扣于虎口处（图7－4－2）。要点：掌心开展向后张开，竖指。

（3）虎爪。动作说明：四指第一、二指节卷紧，大拇指卷紧第一指节（图7－4－3）。要点：掌心向后张开。

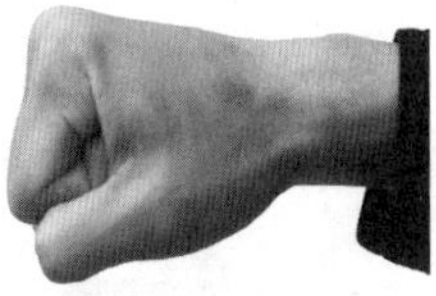

图7－4－1

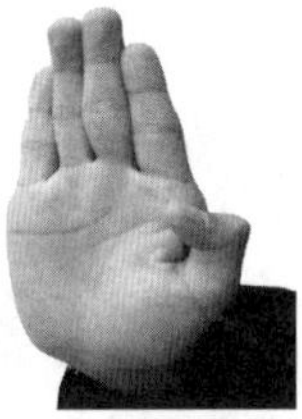

图7－4－2

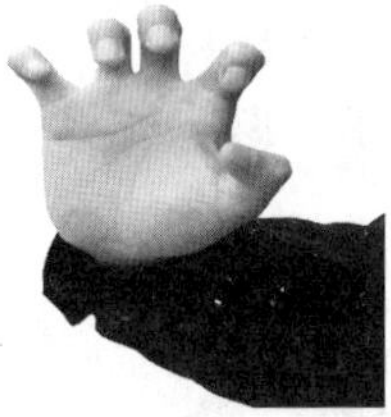

图7－4－3





2. 步型：弓步、马步、虚步、骑龙步

（1）弓步。动作说明：两脚前后开立，前腿屈膝，大腿成水平或接近水平，后腿蹬直，脚尖内扣，上体正对前方。眼平视前方。前腿要如弓箭之弓一样绷上劲，后腿如箭一般挺直。左脚前弓为左弓步，右脚前弓为右弓步（图7－4－4）。要点：头要正、挺胸、塌腰、合胯；五指抓地，应防止脚跟拔起，脚掌翻开。

（2）马步。动作说明：两脚平行开立，脚掌贴地，脚尖稍内扣，屈膝下蹲至两大腿水平。两脚间距为本人三个脚掌长度（图7－4－5）。要点：头要正、挺胸、塌腰、直身、收臀；应防止身体前俯，臀部后突，重心落于两脚中间；应防止两脚尖外撇，两膝垂直线不得超过两脚尖。

图7－4－4

图7－4－5

（3）虚步。动作说明：两脚前后开立，后脚外展45°，屈膝坐蹲，大小腿夹角约大于90°；前脚面绷直稍内扣，虚点地面，膝微屈，重心落在后腿上；挺胸塌腰，眼向前平视。左脚在前叫左虚步，右脚在前为右虚步（图7－4－6）。要点：重心不要前移，后脚跟不要提起。

（4）骑龙步。动作说明：前腿屈膝下蹲，全脚着地，脚尖微内扣；后腿屈膝接近地面，脚跟翘起，两脚间距约两脚长。左脚在前为左骑龙步，右脚在前为右骑龙步（图7－4－7）。要点：重心稳定在两脚之间，后腿膝盖不得贴地。

## 二、擒敌拳（十六动）

①贯耳冲击；②抓腕砸肘；③挡臂掏腿；④砍肋击胸；⑤缠腕冲拳；⑥上架弹砍；⑦接腿涮摔；⑧横踢鞭打；⑨直摆勾击；⑩抱腿顶摔；⑪跸腿抡摔；⑫格挡弹踢；⑬侧踹下砸；⑭马步侧击；⑮提膝前戳；⑯摆勾冲膝。

预备姿势

动作要领：在立正的基础上，听到“擒敌拳——预备”的口令后身体左转成格斗式（图7－4－8）。

动作要求：跨步、提拳同时到位，动作自然放松。

图7－4－6

图7－4－7

图7－4－8

1．贯耳冲击

动作要领：前进步的同时，双拳贯耳，两拳与太阳穴同高相距20cm，随即右冲膝；右脚向前落步成右弓步的同时，右肘前击与肩同高，左手成立掌前推右掌面，两眼直视前方（图7－4－9～11）。动作要求：进步贯耳快，右膝冲击猛，落步肘击狠。动作用途：由前贯耳，击胸、腹。

图 7－4－9

图 7－4－10

图 7－4－11

2．抓腕砸肘

动作要领：左脚在右脚后垫步，成右弓步的同时，左手成八字掌虎口朝前，掌心向下，右臂向后伸直，上体正直；随即左后转体成左弓步的同时，左手变拳收于腰际，拳心朝上，右手握拳，右小臂在胸前下砸与左膝同高，拳距腹部约 30cm，拳眼向上，目视砸肘方向（图 7－4－12～13）。动作要求：垫步抓腕快，转体砸肘猛。动作用途：由前抓腕砸肘。

图 7－4－12

图 7－4－13

3．挡臂掏腿

动作要领：右后转身成右弓步的同时，右手臂上格挡，左拳收于腰际；随即，左脚向前上步成左弓步的同时，右手成插掌前插与腰肋同高；随后，右手变虎爪收于右腹前，左手成立掌前推与胸同高，目视前方（图 7－4－14～16）。动作要求：挡臂要快，上步抱腿准，转体推胸猛。动作用途：掏腿，推击胸、腹部。

图 7－4－14

图 7－4－15

图 7－4－16

4. 砍肋击胸

动作要领：左脚收回成左虚步的同时，双手变掌砍肋，掌心向上，肘收于腰际与腰同高；随即右脚上步扒地成右弓步的同时，双拳由腰际向前击出，与腹同高，两拳相距 20cm，拳心朝下（图 7－4－17～18）。动作要求：虚步砍肋狠，弓步击腹快。动作用途：以双掌砍肋、双拳击胸实施连续攻击。

图 7－4－17

图 7－4－18

5. 缠腕冲拳

动作要领：右脚收回成右虚步的同时，左手抓握右手腕猛力后拉置于左腹前，右手成虎爪；随即，右脚在左脚后猛力下踏，左脚自然上步成半马步，两手经胸前猛力下切于右腹前；随后，左手成八字掌前挡，右拳收于腰际；重心前移成左弓步的同时，右拳向前击出与肩同高，左拳收于腰际，目视前方（图 7－4－19～22）。动作要求：缠腕迅猛，挡抓回拉与冲拳协调一致。动作用途：破抓腕，拧臂击面。

图 7－4－19

图 7－4－20

图 7－4－21

图 7－4－22



6. 上架弹砍

动作要领：右脚上步成右弓步的同时，双臂上架，左臂在外；接左腿弹踢；左脚落步成左弓步的同时，右手变掌向前砍击与喉部同高，左拳收于腰际，拳心向上，目视前方（图 7－4－23～25）。动作要求：上架有力，弹踢迅猛，砍击准确。动作用途：上架护头，弹踢敌裆，掌砍敌颈。

图 7－4－23

图 7－4－24

图 7－4－25

7. 接腿涮摔

动作要领：左脚进步，右脚自然跟进成骑龙步，右抄抱；随即，左手抓握右手腕，右手变拳，拳心朝上；右脚右后撤步成左仆步的同时，双手由两膝前划过后拉上提，右大小臂略垂直，拳面向上，右拳距太阳穴约20厘米，目视前方（图7－4－26～29）。动作要求：进步接腿准，撤步涮摔快。动作用途：抄抱敌腿，涮摔制敌。

图7－4－26

图7－4－27

图7－4－28（正面）

图7－4－29（背面）

8. 横踢鞭打

动作要领：右脚在左脚后垫步的同时起左脚横踢；左脚落步，右脚在左脚后叉步，右后转体，接右鞭拳，目视前方；随即左后转身90°成格斗势（图7－4－30～32）。动作要求：垫步横踢快，转体鞭打猛。动作用途：以横踢、鞭拳实施连续攻击。

图 7－4－30

图 7－4－31

图 7－4－32





9. 直摆勾击

动作要领：左脚进步的同时出左直拳，右脚跟步接右摆拳；右转体接左勾拳；目视前方（图 7－4－33～36）。动作要求：进步快捷，击打迅猛。动作用途：运用组合拳实施连续攻击。

图 7－4－33

图 7－4－34（正面）

图 7－4－35（背面）

图 7－4－36

10. 抱腿顶摔

动作要领：起右脚前蹬；右脚落步成右弓步的同时，双手变掌前插与膝同高，两掌心相对约 30cm；随即右肩向前顶，两手后拉置于腹前成虎爪，手心相对，目视前下方（图 7－4－37～39）。动作要求：起脚前蹬猛，抱腿顶摔快。动作用途：由后抱顶敌腿擒敌。

图 7－4－37

图 7－4－38

图 7－4－39

11. 绊腿抡摔

动作要领：右脚进步，左脚自然跟进成左抄抱；随即左脚向右脚后叉步，右脚扬起，右手成八字掌，向后挥臂，掌心向下，左拳护于颌前；左后转体成左弓步的同时，右脚后绊，右手变八字掌由胸前抡摆置于左胸前 20cm 处，掌心向下，目视前下（图 7-4-40~43）。动作要求：进步抄抱快，背步绊腿猛，转体抡拳狠。动作用途：抄抱敌腿，下绊上抡反击。

图 7-4-40

图 7-4-41

图 7-4-42（正面）

图 7-4-43（背面）

12. 格挡弹踢

动作要领：右后转身 180°成右弓步的同时右上格挡，左拳收于腰际，拳心向上；起左脚弹踢；左脚落步成骑龙步同时接右勾拳，目视前方（图 7-4-44~46）。动作要求：转身格挡快，起脚弹踢猛，落步勾拳狠。动作用途：格挡护头，踢裆击腹反击。

图 7－4－44

图 7－4－45

图 7－4－46

13．侧踹下砸

动作要领：右脚在左脚后垫步的同时，起左脚侧踹；左脚前落步成骑龙步的同时，右肘在胸前下砸与左膝同高，左拳变掌立掌顶压右拳面，目视前下（图 7－4－47～49）。动作要求：侧踹迅猛，下砸狠。动作用途：侧踹击胸，跟进下砸。

图 7－4－47

图 7－4－48（正面）

图 7－4－49（背面）

14. 马步侧击

动作要领：左脚支撑，提右膝上防，左手变掌前插，掌心朝上，右拳后拉抬平与肩同高，拳心向下；右脚向前落步成马步的同时，左拳上架，右拳向前击出与肩同高，拳眼向上，目视攻击方向（图7－4－50～51）。动作要求：左脚支撑稳固，上架侧击迅猛协调。动作用途：提膝防守，以插掌、侧击实施连续攻击。

图7－4－50

图7－4－51

15. 提膝前戳

动作要领：左脚支撑，提右膝上防，左拳护于颌前，右拳护于腹前；右脚在左脚后垫步成半马步的同时，左小臂左下格挡，右手成插掌收于腰际，掌心向上；重心前移成左弓步的同时，右掌前戳与喉部同高，左拳收于腰际，目视前方（图7－4－52～55）。动作要求：提膝防守快，垫步前戳狠。动作用途：提膝格挡，戳击喉部。

图7－4－52

图7－4－53

图 7－4－54（正面）

图 7－4－55（背面）

16. 摆勾冲膝

动作要领：左脚进步的同时接左摆拳；接右勾拳；随即两掌变八字掌前插与肩同高，虎口向下；两手变虎爪下拉于两腰际，手心向下，同时右冲膝；右脚落步，左后转体 180°成格斗势（图 7－4－56～60）。动作要求：拳击快捷，冲膝迅猛，转体到位。动作用途：摆击头部，勾击、膝顶胸腹部。

图 7－4－56

图 7－4－57

图 7－4－58

图 7－4－59

图 7－4－60

结束式：听到“停”的口令后，身体向右转的同时，两拳收于腰际，拳眼向上，两腿挺直（图 7 – 4 – 61）；右脚靠拢左脚的同时两手直臂下摆，恢复立正姿势（图 7 – 4 – 62）。

图 7 – 4 – 61

图 7 – 4 – 62

单元八

# 搏击的心理学基础

## 项目一　搏击的心理基础

警察是国家维护社会治安的武装力量，是国家机器的重要组成部分。警察队伍越强大，意味着社会就越稳定，人民群众的根本利益就越有保障。在维护社会治安时，警察除了使用枪械之外，为了进行抓捕或者对犯罪分子进行围剿，更多时候要与犯罪分子进行面对面的搏斗。临阵面对罪犯，能否成功地运用搏击技术完成抓捕，这时搏击的心理素质就显得至关重要。

警察的搏击心理训练，和一般搏击学生的心理素质训练略有不同，但万法归宗，将一名预备警官培养成一名合格、训练有素的警官，一切都需要从基本训练开始。所以，警察的搏击心理素质要求是：不但要有大无畏、勇于和一切犯罪势力作斗争的勇气和精神，而且还要不断地训练、加强一般性搏击运动的心理素质，只有这样，临阵对敌时，才可能将搏击技术熟练运用，顺利、成功地完成任务。

### 一、搏击的心理基础

所谓心理训练，是指通过各种手段有目的、有意识地培养学生具有良好的心理素质和个性心理特征，具备从事搏击专项所需的优秀心理素质，使学生在参加搏击训练和比赛时能够有效地调节自己的心理状态，为获得最佳训练效果和争取优异成绩的心理准备过程。心理训练的目的在于发展学生进行训练和参加比赛所需心理素质，使学生对高强度的搏击训练和激烈对抗的搏击比赛具有良好的心理准备，形成相对稳定的心理状态。

### 二、搏击心理训练的内容

#### （一）搏击的专门化知觉训练

一般心理训练是在日常训练中培养和发展学生所必需的基本的心理素质和心理能力的训练过程。一般心理训练在运动训练的全过程都可以安排，主要包括培养学生从事搏击专项所需的兴趣、能力、气质、性格等个性心理特征，发展感知觉、运动表象、形象思维、想象力以及情感和意志品质等心理过程，培养注意品质，包括注意的稳定、注意的集中、注意的转移和注意的分配等。

### （二）赛前心理训练

赛前心理训练是在具体比赛之前的短时期内针对比赛使学生掌握自我调节心理状态的方法，最大限度地适应比赛要求，做好参赛心理准备的专门训练过程。赛前心理训练包括使学生明确比赛任务，激发良好的比赛动机，建立夺取比赛胜利的信心，消除各种不利于比赛的心理障碍，使学生学会调节和控制自己的情绪，在复杂变化的比赛情况下能够保持积极稳定的心理状态，以确保学生技术、战术水平的充分发挥。针对一次搏击比赛的赛前心理训练可在赛前一个月开始。一次搏击比赛中，学生一般需要在几天之内连续参加多场次的比赛，因此，在一场比赛前后，甚至也可以利用局间休息的时间进行心理调节，其重点是要让学生保持良好的状态、稳定的情绪。

### （三）赛后心理训练

经历了高强度激烈对抗的搏击比赛后，学生身心会产生深度的疲劳，这时的心理调节极为重要，同样是心理训练的重要组成部分，最关键的是要让学生能够正确地对待成功或失败的情绪体验。对于获得优秀成绩的学生，在充分肯定其比赛中积极的情绪体验的同时，还要注意因胜利而掩盖了的比赛中消极的情绪体验，以及由于不能正确地对待比赛胜利而产生的骄傲自满等不良的情绪体验。对于在比赛中尚未获得好成绩的学生，需要帮助他分析比赛失败的原因，及时消除因一次比赛的失败而产生的消极情绪，多正面积极地鼓励，以激发学生不畏挫折、积极进取的强烈动机。

## 三、战术中的心理学基础

### （一）观察

观察是一种有目的、有计划、比较持久的知觉，也是战术思维、战术意识的先决条件。在学习搏击的各种技能、战术及实战中都需要观察。一个勤于观察的学生，可以随时留意各种类型的对手以及他们在各种情况下惯用的打法，以便博采众家之长形成自己的攻防体系。学生的观察力，可以通过长期练习和比赛得到发展，但要遵循以下规律：

1. 观察要有明确的目的性

要带着问题去观察，如攻防的转换、摔打的方法等。这样在观察中就能积极主动地、有选择地将外部信息变为自我的战术思维素材，并和自己已有的知识、经验结合起来，从而获得良好的效果。

2. 要有丰富的搏击运动知识和经验

不容置疑，一名经验丰富的搏击学生对于快速变化的动作、攻防转换的判断，肯定要比新手观察得更正确、深入、清晰。

3. 观察必须系统而周密

观察要讲究方法。如在观察教练的示范及优秀学生的技术动作时，应善于在细微之中发现主要问题；学会在相似的甚至相同的技术、战术中发现差异，并及时总结，将别人的优点融入自己的技术、战术体系中去。

### （二）战术思维

搏击运动，在训练、比赛中需要实施一系列的技术、战术。这些技术、战术在什么形式下应用、怎样应用，思维起着组织、调控的作用。由于在比赛中时效性很强，要求学生在瞬间精确分析、判断，制定对策并付诸行动，因此战术思维的手段及形式不像一般思维以公理、定律及有充裕的时间来判断、推理，而是依靠过去的经验，凭直觉形象来解决战术任务。因此，大量丰富的有关知识经验是战术思维的内部前提。

战术思维，包括赛前的准备和赛中的调控。任何技术、战术离开了思维的支配、选择、组织和调节，只能做出习惯性动作，这样是完不成任务的。一个有经验的高水平学生在赛前会针对对手的特点制订相应的战术方案，这样会增强信心，减少攻防的盲目性。但场上的情况会不断变化，往往会出乎意料，这时思维会判断形势，及时调整技术动作和战术方案。如对方一贯以防守反击出名，但这次却主动进攻，那么我方采取的对策，是对攻还是防守反击，经过几个回合的较量，认为还是加强防守，等对方体力不济时再进行猛烈的攻势，其结果符合实际情况的需要，这就是战术思维的灵活性和时效性。随着实践经验的不断丰富，战术思维能力不断提高，学生在比赛前形成各种战术思维模式，如对付个子高、拳法好、喜欢拉开距离打的选手有一种或几种战术模式。只有多元化模式的战术思维，才能随机应变并出奇制胜。

**（三）战术意识**

战术意识是学生在比赛中应用战术方面意识到的自觉的心理活动，它包括应用战术时所涉及的感知、记忆、思维和想象等心理活动的总和。如产生战术形式到做出行动的反应时间间隔非常短，要求学生瞬间而且是公式化地解决战术任务，以致他们往往不假思索地选择一个战术方案，事后很难分析出哪些动作是思考后产生的，哪些是凭直觉完成的。而实际上感觉运动应是他们行动的机制，对变化形势的快速感知和判断，准确地从记忆中提取所需的动作，富有成效的思维等，这些都表明学生处于良好的意识状态。它可以保证学生在比赛中合理准确地运用体能和技术，以及巧妙地应用战术，从而顺利地解决各种复杂问题。

提高学生战术意识的方法：①意识性练习。如表象练习和想象练习。②实战练习。在带有比赛情景的练习中，加深对战术的理解和熟悉。③实践经验总结。帮助学生对比赛各个环节、战术处理情况的优缺点作出正确的评价，加深学生对比赛中各种情况及其规律性的认识。



## 项目二　搏击心理训练的方法

### 一、意念训练法

意念训练是通过积极的思维，借助想象或运动表象进行自我心理暗示，以改善学生个性心理特征和心理过程。例如，在学习技术时想象技术动作过程、动作形态；还可以用一定的“套语”进行自我暗示，以集中注意力；想象比赛中出现了什么情况，自己采用相应的办法应付；想象对手是一个“左撇子”，自己采用什么技术、战术同他交手等，以此做好参赛的心理准备。在赛前应用积极的暗示语言进行自我动员和自我鼓励，控制和调节赛前状态，或使自己的身心获得放松等。意念训练法实质上是一种自我诱导训练的方法。

## 二、诱导训练法

诱导训练法是通过他人的语言信号或其他途径（如录像、录音等）的外界刺激来引导学生按照预定的要求去执行的心理训练方法。鼓励、启发、说服、举例乃至批评等都是常用的诱导方法。教练员还可以采用一些直观的方法，如动作示范、电视、图片等向学生传递特定的或感兴趣的信息，把学生的注意力及思维引导到有利于搏击训练或比赛的方向上去，并按照预定的要求实施。

## 三、模拟训练法

模拟训练是通过在训练中设置与未来比赛可能出现的各种相似的情况，使学生在近似比赛的条件下，锻炼和提高对正式比赛心理适应能力的训练方法。搏击比赛前经常采用的有模拟同级别对手的技术和战术打法特点、模拟比赛场景和环境、模拟比赛的日程安排及作息制度等。其关键是要尽量掌握未来比赛的信息，以便使模拟训练时所设置的条件尽可能与正式比赛接近。

## 四、放松训练法

放松训练法是一种通过自我暗示和调节注意、调节呼吸，使肌肉活动得到充分放松，从而调节中枢神经系统兴奋性的方法，主要有美国心理学家雅克布森首创的渐进性放松法和奥地利精神病学家舒尔提出的自生放松法，以及中国传统的以呼吸和意守丹田为特点的松静气功三种方法。放松训练法通过学生的意识控制，使肌肉放松，精神安定，心理入静，呼吸均匀。实践证明，它对调节神经系统的功能具有明显的效果，同时还能改善心血管机能、消化系统、呼吸系统和内分泌系统的功能，清心净欲、陶冶情操，促进心理健康。



## 五、生理调控法

生理调控法通过调节和控制生理变化的手段来解除疲劳，改变肌肉紧张程度，消除紧张情绪，控制心理的稳定。运用生理调控法对于恢复学生的体力、脑力和保持情绪的稳定性有很大的意义，具体的做法是呼吸调整：利用专门的呼吸练习使学生的兴奋状态减弱。让学生以一定的姿势（仰卧），深吸一口气，屏住呼吸，用力使全身从头到脚的肌肉紧张，然后慢慢呼气，并在呼气的同时放松全身肌肉，如此反复，可使大脑的兴奋状态减弱；自我暗示：这是通过语言信息调节心理状态的手段，自我暗示的方法能对人的心理和机能产生良好的影响，它能解除心理紧张状态，从而使情绪镇定，动作准确，并能预防学生疲劳和神经能量的过度消耗。自我暗示分为两类：一类是促使肌肉放松，使心情安定的，如暗示自己“我不害怕，对手没什么可怕的”或“我很镇定，我全身正在放松”；另一种是活跃心理状态的，如“我精力充沛，我没有感到疲劳，我有用不完的劲”等。

## 六、生物反馈训练法

生物反馈训练法就是借助现代化仪器把学生的生理信息传递给学生自己，供其通过反复练习学会调节自己的生理机能的方法。学生在训练或实战比赛前，容易出现紧张的情绪状态，这便会表现出心率加快、毛细血管扩张、血压升高等种种现象。当这种信息反馈给学生自己以后，学生通过有意识的控制和调节机体来应对这些反应，通过反复的练习就能提高控制内脏活动的能力，可以提高学生的运动感知觉能力，促进动作机能的形成和矫正技术动作，还可调整学生的情绪，消除疲劳，改善机体各器官系统的功能。



## 七、意志品质训练法

搏击训练和比赛所体现的高强度、激烈的对抗，都要求学生必须具备良好的意志品质，要求学生具有自觉积极性、独立性，体现勇猛、顽强、果断、沉着冷静和较高的自信心等方面的心理意志品质，因此可以说意志品质的训练在搏击学生的心理训练中占有十分重要的地位。教员在对意志品质训练时要注意将身体训练、技术训练和战术训练等方面有机地结合起来。意志品质的训练是一个长期的过程，需要经过长期系统训练去培养，因此要求教员必须有耐心，学生则必须要坚持。另外，对学生进行意志品质训练要因人而异，区别对待，因为每个学生的意志品质各不相同，有的学生自觉性差，但勇猛果断，有的学生沉着冷静，自信心强，但果断性差等。

训练学生的意志品质的途径一般有三种：①在平时的学习生活中培养和训练；②在训练中培养和训练；③在实战比赛中培养和训练。

# 项目三　比赛前的心理学基础



## 一、想赢怕输

学生在赛前对比赛的胜利一方面期望过高，另一方面怕输给对手而产生矛盾情绪状态，都会导致过度紧张、精神亢奋、没有食欲、很难入睡、自信心下降等情况。这对学生身心的消耗极大，使得学生在比赛前就感觉乏力，上擂台比赛时想进攻又怕遭到对手的反击，优柔寡断，过分注意比赛得分，而不是考虑如何发挥自己的技术、战术。

克服想赢怕输重要的一点是要引导学生把思想集中在比赛的过程上，多考虑比赛时如何发挥自己的竞技水平，不要考虑比赛的结果。教员赛前避免过分强调比赛的重要性或对学生提出过高的要求，让学生多回忆过去比赛成功时的体验，帮助学生提高自信心和稳定情绪，正确对待比赛结果。

## 二、惧怕对手

有的学生在赛前不相信自己的实力，对比赛缺乏必胜的信心。这种惧怕的心理会使大脑皮层的控制系统产生紊乱，使学生情绪低落，自信心下降，引起学生机能失调，从而消极对待比赛，在擂台上不能发挥应有的水平。新手或者在遇到名气大的对手时经常会出现这种情况。

克服惧怕对手的心理障碍的关键是要帮助学生树立信心，正确对待比赛，激发学生的斗志，把消极的情绪转化为积极的情绪。要帮助学生分析自己，分析对手，找到有望战胜对手的有效方案。此外，要教育学生摆正自己的位置，平衡自己的心态，放开手脚，尽力打出自己的水平即可，不要过多地考虑是否能够战胜对手。

### 三、盲目自信

指学生赛前过高地估计自己，而过低估计比赛对手的实力，甚至对比赛的对手不屑一顾，相信自己能够轻易取胜，即俗话说的“轻敌”。学生产生“轻敌”心理后，注意力分散，注意强度下降，不重视即将开始的比赛，对比赛不认真做准备，自以为是。比赛时一旦遇到意想不到的困难和挫折，就会心情急躁，或乱拼乱打，或束手无策。预防学生产生盲目自信的关键，是赛前要教育学生认真对待每一场比赛，充分估计在未来比赛中可能出现的各种困难和挫折，做好打硬仗的准备，使学生做到遇强不惧，逢弱不懈，胜不骄，败不馁，始终处于良好的战斗状态。

### 四、注意分散

指学生在比赛前由于主观和客观的因素，不能把注意力集中在即将开始的比赛方面，即通常说的“分心”，以致赛前胡思乱想，赛中反应迟钝。

克服注意分散要从平时的训练抓起，在日常的训练中要培养学生专心致志、认认真真的习惯。可以进行一些专门的注意调节训练，在赛前通过模拟训练提高学生抗干扰的能力，赛前准备活动时想象如何与对手交手，比赛时通过自我暗示，使注意力集中在比赛上。

### 五、兴奋过度

指学生在赛前不能把自己的兴奋水平调节在适宜的程度或时间，兴奋过头或兴奋过早。兴奋过头会使学生思维能力降低，注意力不能集中，情绪激动，比赛时动作变形；兴奋过早，则赛前无谓地消耗了大量的能量，上了擂台感到四肢发僵，软弱无力，不能正常发挥竞技水平。

预防学生赛前兴奋过度的关键，是要在平时的训练中通过各种心理训练的方法提高学生的自我控制与调节能力，使学生赛前的兴奋适时。此外，通过赛前适时、适量的准备活动也可以调节学生的兴奋水平，防止赛前兴奋过度。

### 六、消极淡漠

指学生在赛前兴奋过程下降，抑制过程加强，表现为无精打采、意志消沉、情绪低落、体力下降，对比赛缺乏信心，甚至无意参加比赛。

克服学生消极淡漠的方法是帮助他端正比赛态度，重树比赛动机，和学生一起分析对自己有利的条件，制订具体的比赛方案，增强学生的自信心，鼓舞斗志，激发参赛热情。此外，要防止学生赛前过度训练。

单元九

# 搏击竞赛的组织、裁判与规则

## 项目一　竞赛的组织

这一阶段的工作，是关系到竞赛是否能顺利进行的关键。其主要任务有：成立竞赛委员会，讨论和决定组织方案，制定竞赛规则细节（因各国的竞赛规则略有不同），制订竞赛计划及有关事宜。

### 一、成立组织

全国性或国际性的竞赛，一般由国家体育总局委托有关省、区、市体育局负责承办，由承办单位负责组成竞赛委员会，领导组织赛会的具体工作。其机构设置可根据竞赛规模的大小而定。

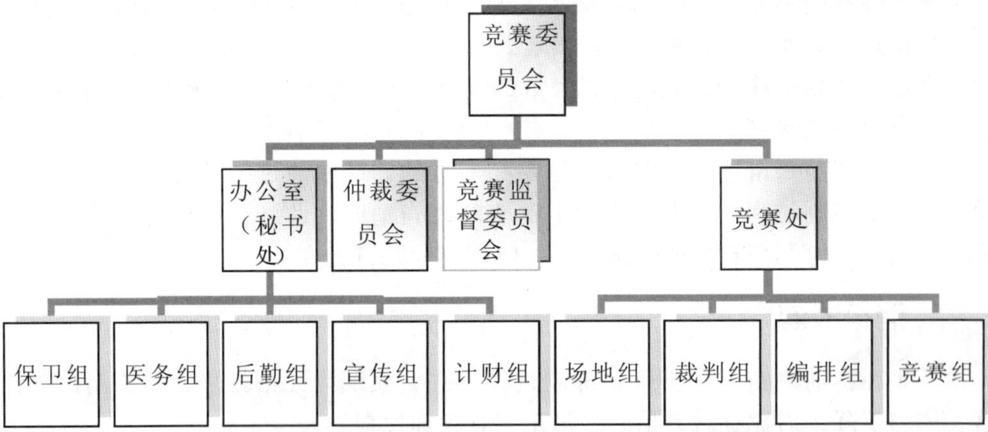


**（一）办公室（秘书处）**

办公室（秘书处）领导所属各组进行如下工作：

（1）制订和落实大会各项活动日程。

（2）根据组委会要求，安排召开领队会、教练员会、裁判员会议等，组织学习有关竞赛方面的文件。

（3）负责大会竞赛安全保卫工作。

（4）负责大会期间运动员创伤救护工作，并落实救护所需的药品器具、救护车和医院、值班医生等相关措施。

（5）负责参赛人员接送、住宿、饮食、交通、票务等后勤保障工作的落实。

（6）负责竞赛的广告宣传、报道和体育道德风尚奖的评选工作。

（7）负责竞赛奖品、奖状及纪念品的发放。

（8）负责竞赛经费的筹措、计划、财务管理。

**（二）竞赛处**

竞赛处领导所属各组进行如下工作：

（1）编印大会秩序册和竞赛日程表。

（2）组织裁判员学习竞赛规程和规则，落实和检查裁判员分工安排。

（3）负责安排各参赛队的练习场地和时间。

（4）打印竞赛顺序表和比赛成绩，印发成绩册。

（5）落实和检查竞赛场地、器材、护具及其他竞赛设施的准备情况。

（6）检查竞赛裁判用具、电脑、录像设备及人员落实准备情况。

（7）落实和检查运动员更衣室、裁判员休息室、医疗急救室、录像仲裁室准备情况。

（8）遇到特殊情况需要更改比赛场次和时间，负责及时通知各参赛队的领队、教练员、裁判组和有关部门。

## 二、讨论和决定组织方案

根据搏击任务和竞赛计划，以及对教学训练工作的要求，确定搏击竞赛的组织方案。包括竞赛的规模、竞赛委员会的成员和分工，明确所属各部门的职责和注意事项，以及亟待解决的主要问题。



## 三、制定竞赛规程

竞赛规程是对竞赛组织者和参加者的指导性文件，应在竞赛前由主办单位根据竞赛的目的和任务制定，及时下发有关单位，以便参加单位做好准备。它包括下列内容：

**（一）名称**

根据总的任务确定竞赛的名称。

**（二）目的任务**

根据总的要求和任务而定。如检查和总结教学训练任务工作情况；提高搏击技术水平；选拔代表队员等。

**（三）比赛日期和地点**

在决定日期和地点时，应考虑气候、住宿、交通、比赛场地、设备及医疗等条件。

**（四）参加办法**

根据比赛的规模、性质，确定参赛队员、教练、领队、医生等人数，以及规定所设级别。

**（五）比赛项目**

根据竞赛的性质、规模和运动员水平，按体重分级来确定。

**（六）比赛办法**

采用分级别对抗的办法。

### （七）报名和报到

应注明报名、报到的时间和地点。大型的竞赛还要注明第一次报名截止日期和最后报名日期，以免影响编排工作。

### （八）其他事项

（1）比赛护具由大会统一准备，护齿自备。

（2）规定运动员必须携带的证件，如运动员赛前的体检证明、保险等。

# 项目二　竞赛的编排与记录

## 一、熟悉竞赛规则

竞赛规程是进行编排的基本依据，要熟悉竞赛日程、日期、办法和参赛人数、级别及有关竞赛规定，以确定编排的基本方案。

## 二、审查和统计工作

主要是审查报名名单，参赛人员是否和报名人员相符。统计出各队参加比赛的人数（男、女分别统计）和各级别的人数（男、女分别统计）。

## 三、绘制竞赛日程表

按竞赛规程表明运动员的比赛轮次及序号。



## 四、称量体重

在大会统一安排下称量体重，并详细记录每位参赛运动员的实际体重，把不符合参赛资格的运动员用特别符号记录下来。

## 五、安排竞赛场次

根据参赛运动员的实际情况和竞赛日程，统筹安排竞赛的各场次出场参赛的对数，确定各级别在什么时间参赛，把编排确定的场数及参赛对数提前通告，并印发给各参赛队。

# 项目三　体重的级别与称量

## 一、竞赛性质与办法

搏击竞赛的性质大体分为团体比赛、个人比赛，竞赛办法可采用对抗赛。

## 二、资格审查

参加正规的搏击比赛，须经过严格的资格审查，资格审查的内容包括：

1．运动员必须携带本人 15 天以内医院出具的包括脑电图、心电图、血压、脉搏等指标在内的体检证明。其目的是保证运动员的安全，缺少以上任何一项内容，运动员将不能参加比赛。

2．运动员的年龄限在 18～35 周岁。但青年锦标赛年龄限在 15～17 周岁，这主要是根据本项目的特点对年龄进行限制，也是从安全的角度出发。

3．运动员必须有参加比赛的人身保险证明。因为搏击是对抗项目，在此方面有特殊要求，运动员要根据本次比赛的时间提前办好保险证明。

## 三、比赛回合

回合和时间由组委会制定。

一般有两种：一种是每场为三回合，每回合两分钟，回合间休息一分钟；另一种每场为五回合，每回合三分钟，回合间休息两分钟。

## 四、服装护具

所有选手必须使用比赛组委会提供的拳套或组委会规定的用具。选手在比赛上场前必须经过组委会监督人员的检查。

选手在比赛中的穿戴必须按照组委会的规定和要求。在比赛前和比赛中严格禁止选手在四肢或者身体上使用油脂、软膏、喷雾剂、凡士林、按摩霜、发乳等，以及任何影响运动员技术发挥的其他物质。一经发现，选手将被取消参赛资格。选手可以在眼睛和鼻子周围使用少量凡士林，但必须在组委会人员的监督下进行。

## 五、体重级别

体重级别：比赛共分为七个重量级。分别为：

① 55kg 级；

② 60kg 级；

③ 65kg 级；

④ 70kg 级；

⑤ 75kg 级；

⑥ 80kg 级；

⑦ 80kg 以上级。（＊1kg＝2.2 磅，编者注）。

运动员的级别测定，以当时主办方规定重量为准。

## 六、称量体重

（1）称量体重的时间和地点由比赛组委会指定。称量体重必须在比赛组委会的监督下进行，由组委会指定人员负责，且应该在比赛开始前 24 小时之内完成。

（2）选手必须在规定的时间到指定的地点称量体重，错过称量体重的选手，将被取消参赛资格。体重不符合报名级别的选手必须在两小时内重新称量体重，重新称量体重的次数不限。如果在称量体重截止时间内，体重依然不符合报名级别的选手将被取消参赛资格。

## 项目四　竞赛的裁判工作

### 一、裁判员队伍的要求

裁判人员一般由主办单位确定和调派，不足部分和辅助裁判工作可由承办部门选派人员补充。担任裁判工作的人员除了具有相应的裁判等级之外，还应具有以下条件：

（1）具有良好的职业道德，作风正派。

（2）精通裁判业务，严格执行竞赛规则。

（3）经常研究搏击技术，关心搏击运动的发展。

（4）身体健康，精力充沛。

### 二、裁判人员的组成

#### （一）裁判人员的组成

（1）总裁判长1人，副总裁判长1~2人。总裁判长要选取业务能力强，具有丰富的实践经验，在裁判工作队伍中具有一定威信的裁判担任。

（2）裁判长、副裁判长、台上裁判员、记录员、计时员各1人，边裁判员5人（或3人，为单数）。裁判长的工作是关系到比赛是否能够顺利进行的一个重要环节，应选派对工作认真负责、坚持原则、具有一定业务水平和工作能力强的裁判担任。

（3）编排记录长1人。比赛是否能够按时开始，有序进行，顺利结束，编排记录工作起着重要的作用。因此，编排记录工作要选调了解搏击比赛的特点、精通编排记录业务、具有一定组织能力和文字水平的裁判员担任。

（4）检录长1人。负责检录组的全部工作，保证比赛秩序顺利进行，如有特殊变化应及时报告总裁判长。

#### （二）辅助裁判人员的组成

（1）编排记录员2~3人。

（2）检录员4~5人。

（3）医务人员2~3人。

（4）宣告员1~2人。

## 项目五　场地和裁判器材

在一般的比赛中，搏击比赛擂台规定如下：

（1）擂台是搏击比赛的地方，它的结构必须非常坚固，有某个程度的安全性，没有任何的障碍物，擂台地板必须超过擂台围索的范围至少90cm。

（2）擂台地板高于地面至少120cm，但不能超过150cm。在擂台的四个角落得竖立直径10~12.5cm的铁柱，柱高从地面开始算不得超过270cm。擂台地板必须铺上软性材质，如橡胶、软布、海绵或类似的材料，厚度为2.5~3.75cm。要紧绑上覆盖式篷布，保护整个擂台区域。

（3）擂台红色角落位于裁判长位置左手边，红色角落对面是蓝色角落，其他两个角落则为中立白色角落。

（4）四边用直径3～5cm的擂台绳索围起，外包柔软的材料，紧紧绑在四个角柱上。绳子分别离擂台地板45cm，75cm，105cm及135cm，依序一层层地将绳子绑上。每边的绳子必须绑上两条3～4cm宽的强韧布条，间隔必须相等，这些布条必须能紧紧地支撑绳子。四个角落必须铺上软垫或其他的柔软质料，保护运动员不会受到伤害。红色角落和蓝色角落必须有梯子供运动员、助手上下，其中一个白色角落有梯子供现场医生、场裁及工作人员上下。

（5）两个中立角落放置塑料箱或其他材料的箱子，每个箱子（放在擂台外）以便场裁丢弃棉花或其他东西。

（6）擂台是搏击场地的主要部分，小型擂台的尺寸是$610\times610cm^2$（从擂台绳索内侧开始量起），大型擂台的尺寸是$730\times730cm^2$（从擂台绳索内侧开始量起）。

# 项目六　搏击竞赛规则与得分标准

## 一、禁击部位

后脑、裆部。

## 二、有效部位

头部、躯干、大腿。

## 三、禁用方法

（1）用头撞击对方。
（2）用迫使对方头部先着地的摔法。
（3）一方倒地后，另一方还进攻。

## 四、可用方法

除禁用方法外。

## 五、得分标准

### （一）得分

（1）用拳法、腿法、肘法、膝法击中有效部位。
（2）用摔法将对方摔倒而自己站立者。
（3）用腿法、拳法、肘法、膝法将对方击倒。

### （二）优势胜利

（1）在比赛中，双方实力悬殊，台上裁判员征得裁判长的同意，判技术强者为该场胜方。

（2）被重击（侵人犯规除外）倒地不起达10秒，或虽能站立但知觉失常，判对方为该场胜方。

（3）一场比赛中，被重击强制读秒（侵人犯规除外）达3次，判对方为该场胜方。

（4）比赛中，运动员出现伤病，经医生鉴定不能继续比赛者，判对方为该场胜方。

**（三）不得分**

（1）方法不清楚，效果不明显。

（2）一方或双方倒地。

（3）双方互打互踢。

（4）抱缠时击中对方。



# 项目七　裁判法

## 一、胜负判定

通过以下方法之一判定比赛的胜负：

（1）KO胜（击昏对手）：选手用合理技术把对手击倒并且使其暂时失去意识，场上裁判员应该立即终止比赛并判这名选手获胜。

（2）TKO胜（优势胜利）：双方选手实力相差悬殊，一方选手在对手连续进攻时失去抵抗能力，并且场上裁判员判定如果比赛继续进行占劣势选手将会有被击昏的危险，裁判员应该终止比赛并判实力强的选手获胜。

（3）对手认输：选手用语言表示认输或弃权，或者选手用肢体（手或脚）连续拍击垫子表示认输或弃权，场上裁判员应该终止比赛并判这名选手的对手获胜。

（4）医生终止比赛：在无犯规的情况下，选手因受伤并经现场医生诊断不适宜继续进行比赛，则可判这名受伤选手输掉本场比赛。

（5）对手弃权：选手场边的助手向场内扔白毛巾以示认输或者弃权，在此情况下场上裁判员应该终止比赛并判这名选手的对手获胜。如果场上裁判员没有看到，场外评判员可以提醒场上裁判员。

（6）取消比赛资格：如果选手由于犯规行为而被取消比赛资格，则应判他的对手获得比赛的胜利。

（7）比赛无效：当出现以下情况时将视为“比赛无效”情况，该场比赛成绩无效。双方选手因犯规行为均被取消比赛资格。评判员、医护人员或者比赛组委会由于意外事件而终止比赛。第一回合发生意外事件使一方选手或者双方选手不能继续比赛。

（8）当比赛结束时仍未分胜负，可根据：①警告（警告少者为胜方）。②体重（体重轻者为胜方）。若仍相同，加赛一局。

## 二、犯规行为

犯规行为包括以下所列：

（1）用头撞击对手。

（2）攻击对手的裆部。

(3) 击打或者抓拿等任何损害对手咽喉的动作。

(4) 用摔法摔倒对手并致使对手头部或者颈部先于身体垂直着地。

(5) 攻击对手的后脑。

(6) 胆怯行为，包括长时间避免与对手接触，或者故意经常脱落牙套，逃离比赛区域，或者伪装受伤等行为。

(7) 抓握并且拒绝放开拳台围绳，或者故意用肢体（手、胳膊、腿或者脚）钩挂在拳台围绳上。

(8) 故意长时间抱紧对手拖延浪费时间。

(9) 向对手吐口水。

(10) 进行导致对手受伤的非体育道德行为。

(11) 在比赛区域内使用侮辱性语言。

(12) 在休息时间攻击对手。

(13) 攻击在裁判或医生保护下的对手。

(14) 在每个回合结束铃声或哨声响后仍攻击对手。

(15) 对场上裁判员表示出不礼貌的行为、语言或者其他不服从裁判员的行为。

(16) 选手的场外助手干扰比赛。

(17) 使用兴奋剂或者其他比赛违禁药。

## 三、警告和犯规处罚

场上裁判员有权对犯规选手或者不服从裁判员的选手进行警告。选手受第一次警告时，裁判员不停止比赛，并且不对该选手进行处罚，但是要告知这名选手其所受的警告。如果该选手继续出现犯规行为，裁判员应示意犯规处罚。当出现犯规处罚时，裁判员应该叫停，向场外评判员指明是哪名选手因犯规受到了处罚。受到三次处罚后，该选手将被取消比赛资格，并判其对手获胜。当选手由于对手的犯规行为而受伤时，场上裁判员和医务人员应该决定比赛是否可以在受伤选手做短暂恢复后重新进行。如果裁判员和医务人员认为这名受伤选手不能继续进行比赛，遂取消其对手的比赛资格，并判受伤选手获胜。根据选手犯规行为的严重程度或故意程度，场上裁判员完全具有判断是否对选手进行警告犯规处罚，或者立即取消选手比赛资格的权利。

## 四、场上裁判员的职责和权利

场上裁判员应该根据比赛规则行使权利，指导和控制比赛进行，严格执行比赛规则。场上裁判员有权决定或判定造成比赛中选手受伤的合理性和动机性的人，即决定和判定受伤是由合理动作还是由犯规动作造成的，并且决定和判定是故意还是意外。如果场上裁判员认为比赛出现“一边倒”（即一方选手占有绝对优势）的情况，或者认为在出现“一边倒”情况后，如果比赛继续进行，一方选手将会受重伤，裁判员有权根据赛规在比赛的任何阶段终止比赛并且判定比赛的胜负。当场上选手受伤时，如果裁判员认为此受伤选手有危险，裁判员有权决定是否终止比赛。但是裁判员必须先向现场医生进行咨询，然后再进行决定。现场医生应该向裁判员提供建议，但是只有场上裁判员是唯一有权终止比赛的人。

当比赛出现如下情况时，场上裁判员可以叫暂停：

（1）出现犯规行为。

（2）双方选手缠抱一起，处于没有任何动作的僵持状态。

## 五、裁判口令

（1）开始！裁判要场上选手开始对抗。

（2）停！裁判要场上选手停止动作，回到拳台中间进行比赛。

（3）进攻！裁判要场上选手积极主动进攻。

（4）分开！裁判要场上选手分开。

（5）起来！裁判要场上选手回到站立姿势。

（6）放弃？裁判要知道场上选手是否要放弃比赛。

总之，裁判需要使场上运动员主导比赛节奏，裁判主要职责在于确保场上选手安全。

## 六、场外助手

每个参赛队最多可以有两名场外助手。双方选手的场外助手不能在比赛开始后离开各自的助手席。场外助手不能在比赛开始后的任何情况下和选手进行任何身体接触。任何场外助手违反本条规定，场上选手将根据比赛规定受到处罚。

## 七、禁用物质

为了保证比赛的真实性和公平性，严格禁止在比赛前或者比赛中使用或者给他人使用麻醉剂、兴奋剂或者任何可以人为的、虚假的、不公正的提高竞技水平的生理性物质。任何违反本条规定的选手将被取消比赛资格。尤其禁止选手使用兴奋剂、麻醉剂及麻醉剂制品、神经性药品、合成代谢药物、利尿剂、丙磺舒以及任何国际奥委会规定的违禁物质。

绝对禁止在比赛中给选手除了纯净水以外的任何物质。

# 参考文献


［1］中国武术散手编写组．中国散手［M］．北京：人民体育出版社，1990.

［2］田麦久．论运动训练计划［M］．北京：北京体育大学出版社，1999.

［3］体育院校成人教育协作组．运动训练学［M］．北京：人民体育出版社，1999.

［4］马世坤．泰国拳［M］．武汉：湖北科学技术出版社，2002.

［5］周明先，杨晓斌，钱炳祥．军体格斗术［M］．北京：解放军出版社，2008.

［6］体育运动学校武术教材编写组．《武术》［M］．北京：人民体育出版社，1990.

［7］武兵．散打妙摔 100 招［M］．太原：山西科学技术出版社，2006.

［8］邱丕相等．中国武术教程［M］．北京：人民体育出版社，2004.

［9］温力．中国武术概论［M］．北京：人民体育出版社，2005.

［10］张耀庭．中国武术史［M］．北京：人民体育出版社，1998.

［11］陈伟．军事格斗技术［M］．石家庄：河北科学技术出版社，2004.

［12］纪秋云．武术［M］．北京：北京体育大学出版社，2004.

［13］浦澍滩．军警擒敌教程［M］．北京：北京体育大学出版社，1999.

［14］史运通．警拳［M］．北京：解放军出版社，2003.

［15］叶伟，崔建功，曹云清．散打运动入门［M］．北京：人民体育出版社，2009.